주방문

주방문

우리음식지킴이회
이효지 · 한복려 · 정길자 · 조신호
정낙원 · 김현숙 · 최영진 · 유애령
김은미 · 원선임 · 차경희 편저

(주)교문사

책을 펴내며

〈주방문〉은 한글로 쓰여진 조선시대의 조리서로 정확한 저술연대와 작자를 알 수 없는 책이다. 〈주방문〉은 책의 이름이 주방문(酒方文)이지만, 술 빚는 법뿐만 아니라 음식조리법도 함께 수록되어 있다. 총 95조목에서 술 빚는 법과 관련된 것은 28조목, 음식 만드는 법과 관련된 것은 67조목, 염색법은 4조목으로, 조리법이 더 많이 수록되어 있다. 그럼에도 〈주방문〉이라 명명한 것은 술 빚는 방법이 당대의 조리와 가공을 대표하는 것으로 볼 수 있다.

우리음식지킴이회가 엮은 〈주방문〉은 술과 음식부분만을 다루었다. 〈주방문〉에 기록된 총 99종의 술 빚는 법과 음식 만드는 법 중 51종의 음식과 술, 장, 초 등을 재현하여 음식사진과 조리법을 제시하였다. 특히 이 책에서는 각 음식의 조리과정을 단계별로 실어 이해를 돕고자 하였다. 다음으로 한글 고어로 필사된 원문을 현대어로 번역하여 싣고, 추가설명이 필요한 부분은 주를 달았다. 그리고 〈주방문〉을 조리학적으로 분석한 논문을 실었다.

우리음식지킴이회는 10여 년 동안 음식 관련 옛 문헌을 공부하며, 전문 학술지에 논문을 발표하고 〈시의전서〉, 〈임원경제지〉, 〈부인필지〉 등을 현대어로 번역하여 단행본으로 출간하였으며, 조선시대 조리서에 나타난 식문화 원형 개발을 디지털 문화콘텐츠로 제작하기도 하였다. 그 일환으로 이번에는 〈주방문〉을 발간하게 되었다. 이 책의 발간을 위해 많은 노력을 기울였으나 아직도 공부가 부족하여 바르지 못한 해석과 재현된 음식에 오류가 없지 않을 것이다. 후학들이 끊임없는 연구로 바로잡을 수 있기를 바라며 한국음식 연구에 작은 보탬이 되기를 기대한다.

이 책의 출간을 기꺼이 허락해 주신 (주)교문사의 류제동 사장님과 양계성 상무님께 감사드리며, 꼼꼼한 교정으로 아름다운 책이 될 수 있도록 도와 준 편집부 여러분께 진심으로 감사를 드린다.

2013년 1월

대표저자 이효지

주방문에 들어가며

〈주방문〉은 한글로 쓰여진 조선시대의 조리서이다. 필사본 1책으로 서울대학교 규장각에 소장되어 있다. 무광(無匡), 무괘(無罫) 반엽(半葉) 매 9행으로 행당(行當) 글자수는 일정하지 않다. 크기는 가로 15cm, 세로 23.1cm이다. 필사연대는 정확히 알 수 없으나, 조리서에 집필 연대추정의 근거가 되는 고추를 이용한 조리법이 없는 것으로 보아 고추재배법이 기록된 〈산림경제〉(1715년경) 이전, 즉 〈음식디미방〉(1670년경)이나 〈요록〉(1680년경) 등과 비슷한 시기인 1600년대 말엽에 편찬된 것으로 추정된다. 그런데 '건지디', '단디', '겁딜', '팀고사리 법' 등 구개음화가 반영되지 않은 표기가 주를 이루면서 '성강 침ᄒᆞᄂᆞᆫ 법', '약지히'와 같이 구개음화가 반영된 표기가 아주 일부분 보이고 있어 구개음화가 발생하기 시작한 1600년대 초기에 편찬된 책일 가능성도 제기되고 있다.

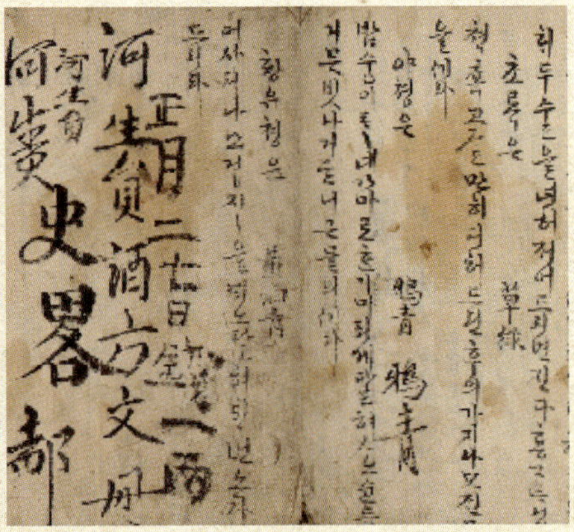

〈주방문〉은 묶음부의 훼손이 심하여 판독할 수 없는 부분이 많다. 용지는 '상사별곡(相思別曲)', '춘면곡(春眠曲)', '시주별곡(詩酒別曲)', '천주가(天酒歌)' 등 시문을 빼곡히 적어 놓은 한지를 이면지로 활용하였다.

책의 마지막 면에 '하생원주방문 책(河生員酒方文 冊)'이라고 기록되어 있고, 오른쪽 옆에는 필체가 다른 '정월 27일 전 일냥(正月 二七日 錢 一兩)'이란 글이 있다. 이 기록으로 이성우의 〈식경대전〉에서 〈주방문〉을 하씨 성을 가진 무명의 선비가 지었다고 기록하였다. 그러나 소유자가 책을 정월 27일에 1냥으로 사 온 후 자신의 것임을 표시하기 위하여 기록한 것으로 볼 수도 있다. 하생원을 편찬자로 볼 수도 있지만, 책의 소유주로 볼 수도 있는 것이다.

1냥의 가치는 현대의 화폐가치로 환산하면 2만 원에서 5만 원에 해당되는 것으로 보고 있다. 18세기 때 쌀 1섬의 가격은 5냥이었다고 하며, 쌀 1섬은 96kg에 해당된다. 현재 쌀 10kg을 약 2만 원으로 보았을 때 1냥은 약 4만 원에 해당된다. 조선시대에는 쌀의 가치가 지금보다 높았을 것이므로 당시 1냥의 가치는 4만 원보다 더 컸을 것으로 생각된다. 이로 미루어 보아 〈주방문〉은 매우 고가의 책이었음을 알 수 있다.

차례

一. 주방문 음식재현

주류

주식류 · 찬물류

병과류 · 음청류

양념류

二. 주방문 원문과 번역본

주방문
음식재현

주류

급시주 | 무국주 | 보리주 | 하향주

청명주 | 삼해주 | 과하주

보리소주 | 자주

급시주 急時酒

빠른 시간에 빚는 술

급시주 急時酒

누룩 1되 5홉을 정화수 반 동이에 버무려 하룻밤을 재웠다가 백미 1말을 깨끗이 씻어 가루 내어 쪄서 더운 김이 잠깐 식으면 그 물에 합하여 빚어 3일 후에 쓴다.

| 재료 및 분량 |

누룩 1되 5홉(1.5kg)
정화수 9L
멥쌀 1말(8kg)

만드는 법

1. 누룩과 정화수를 버무려 하룻밤 재운다.
2. 멥쌀은 깨끗이 씻어 불린 후 가루를 내어 찐다.
3. 찐 설기가 식으면 불린 누룩 물을 합하여 빚는다.
4. 3일 후에 사용한다.

1 재료 준비하기
2 누룩 불리기
3 쌀가루 찐 후 누룩 물 붓기
4 찐 설기에 누룩 물 섞기

무국주

無麴酒

누룩을 넣지 않고 콩가루와 밀가루를 넣어 발효시킨 술

무국주 無麴酒

멥쌀 1말을 깨끗이 씻어 가루 내어 죽을 쑤어 식으면 콩가루 1되와 밀가루 1홉을 넣고 빚어 익으면 쓴다.

| 재료 및 분량 |

멥쌀 1말(8kg)
콩가루 1되(850g)
밀가루 1홉(100g)

참고사항

〈산가요록〉에는 누룩이 일부 들어간 무국주와 누룩이 전혀 들어가지 않은 무국주가 있다. 무국주는 술을 담근 지 10일에서 7일이 더 지난 후 쓰라고 한다.

만드는 법

1. 멥쌀을 깨끗이 씻어 가루를 내어 죽을 쑨다.
2. 1이 식으면 재료에 콩가루와 밀가루를 넣어 술을 빚는다.

1 재료 준비하기
2 쌀가루로 죽 쑤기
3 죽에 콩가루와 밀가루 섞기

보리주

麰酒

멥쌀로 고두밥을 쪄서 밑술을 빚은 후, 3~4일 후
보리쌀을 쪄서 덧술을 빚는 이양주

보리주 麰酒

멥쌀 1말을 찌고 누룩 5되와 끓인 물을 쳐서 섞은 후 독에 넣는다. 그날 깨끗하고 좋은 보리쌀 4말을 깨끗이 씻어 담근다. 3~4일이 지나면 다시 씻어 보리쌀알이 헤어지지 않도록 ㅁㅁ 쪄서 시루째 내어 찬물을 많이 뿌려 식으면 ㅁㅁㅁ(독에 합하여 빚어) 10일 후에 쓴다.

| 재료 및 분량 |

밑술
멥쌀 800g
누룩 500g
물 2L
덧술
보리쌀 3.2kg

만드는 법

1. 멥쌀을 깨끗이 씻어 물에 담갔다가 고두밥을 쪄서 차게 식힌다.
2. 끓여서 식힌 물, 누룩가루, 고두밥을 넣고 잘 섞어 밑술을 빚어 항아리에 담아 따뜻한 곳(25℃ 정도)에 둔다.
3. 밑술을 담는 날 보리쌀을 깨끗이 씻어 물에 담가 불린다.
4. 보리쌀을 3~4일 불린 후 쪄서 찬물을 많이 뿌려 식힌 다음 밑술과 합하여 덧술을 빚어 항아리에 담아 따뜻한 곳에 둔다.
5. 10일 후에 술이 익으면 면포를 받쳐 거른다.

1 멥쌀고두밥에 누룩 넣기
2 고두밥, 누룩, 물로 밑술 재료 섞기
3 밑술에 보리고두밥 넣어 덧술 빚기
4 완성된 술 거르기

하향주

荷香酒

멥쌀가루로 밑술을 빚은 후
찹쌀고두밥으로 덧술을 빚은 이양주

하향주 荷香酒

멥쌀 1되를 깨끗이 씻어 가루 내어 구멍떡을 만들어 삶아 물에서 건지지 말고 모두 펴 식힌다. 여기에 잘 바랜 누룩을 아주 곱게 하여 9홉만 함께 쳐 넣는다. 술이 익으면 3일 만에 찹쌀 1말을 깨끗이 씻어 하룻밤 재워 건져 씻어 익게 쪄서 식기를 기다린다. 밑술을 모시베에 밭쳐 날물기가 일절 없이 밥을 버무리되 밥알갱이를 골고루 풀어 가며 묻힌다. 너무 달여도 속의 밥이 뜨나니 알맞게 넣어 빚되 그릇이 못 차면 □□□□□□□□ 날이 매우 더우면 빚은 이튿날이라도 그릇을 씻되 삶을 물로 잠깐 쳐 씻고 날 물기를 일절 치지 않는다.

| 재료 및 분량 |

밑술
멥쌀 400g
누룩가루 270g
물 1.5L
덧술
찹쌀 4kg

만드는 법

1. 멥쌀은 깨끗이 씻어 물에 담갔다가 가루를 낸 후 반죽하여 구멍떡을 빚는다.
2. 누룩은 아주 곱게 빻아 체에 내려서 준비한다.
3. 끓는 물에 구멍떡을 삶은 후 건지지 말고 그대로 퍼지게 식힌다.
4. 구멍떡이 식어서 어느 정도 퍼지면 고운 누룩가루를 넣고 섞어 밑술을 빚은 후 항아리에 담는다.
5. 3일 후 깨끗이 씻어 물에 담가 둔 찹쌀로 고두밥을 찐 후 식힌다.
6. 담가 놓은 밑술을 고운체에 거른 후 5의 찹쌀고두밥과 섞어 덧술을 빚고, 술이 잘 익으면 거른다.

1 구멍떡 삶아 식히기
2 고운 누룩가루 섞어 밑술 빚기
3 밑술에 찹쌀고두밥을 섞어 덧술하기

청명주

淸明酒

찹쌀죽으로 밑술을 빚고
고두밥으로 덧술을 한 이양주

청명주 清明酒

찹쌀 3되 깨끗이 씻어 가루 내어 물 1놋동이로 죽을 쑤어 식힌다. 여기에 누룩 3홉, 밀가루 1홉으로 빚어 이튿날 더 넣되, 찹쌀 7되를 함지박에 깨끗이 씻어 담갔다가 다시 씻어 물로 쪄 식힌다. 뭉귀염뭉귀염 그 밑에 넣어 찬 데 두면 7일 후에 위에 겼던 낢이 벗겨지고 말개지면 쓴다.

| 재료 및 분량 |

밑술
찹쌀 960g
고운 누룩가루 160g
물 4L
덧술
찹쌀 2.2kg

만드는 법

1. 찹쌀은 깨끗이 씻어 물에 담가 둔 후 가루를 낸다.
2. 찹쌀가루에 물을 넣어 죽을 쑨 후 식히고 여기에 밀가루와 고운 누룩가루를 섞어 밑술을 빚는다.
3. 2일 후 찹쌀을 깨끗이 씻어 물에 담갔다가 고두밥을 쪄서 냉각시킨 후 밑술과 합하여 덧술을 빚는다.
4. 7일 후 술이 익으면 거른다.

1 찹쌀죽에 밀가루와 고운 누룩가루 넣기
2 주물러 섞어 밑술 빚기
3 밑술에 찹쌀고두밥 넣어 덧술 빚기

삼해주

三亥酒

정월의 첫 해일(亥日)에 밑술을 붓고, 두 번째 해일에
덧술을 빚고, 세 번째 해일에 덧술을 빚은 삼양주
세 번에 걸쳐 빚는 우리나라의 대표적인 약주

삼해주 三亥酒

정월 첫 돼지날 멥쌀 2말을 깨끗이 씻어 가루 내어 끓인 물 3말로 (반죽하여) 차게 식으면 누룩 5홉을 섞어 넣어 밑술을 빚는다. 둘째 돼지날 멥쌀 3말을 깨끗이 씻어 가루 내어 끓인 물 4말 5되로 (반죽하여) 차게 식으면 덧술을 빚는다. 셋째 돼지날 멥쌀 5말을 깨끗이 씻어 가루 내어 끓인 물 7말 5되로 (반죽하여) 차게 식으면 덧술을 빚어 익거든 쓴다.

| 재료 및 분량 |

밑술
멥쌀 2말(16kg)
끓인 물 3말(54L)
누룩 5홉(500g)

1차 덧술
멥쌀 3말(24kg)
끓인 물 4말 5되(81L)

2차 덧술
멥쌀 5말(40kg)
끓인 물 7말 5되(135L)

만드는 법

1. 첫째 돼지날 멥쌀을 깨끗이 씻어 불린 후 가루를 내어 끓인 물로 반죽한다.
2. 차게 식으면 누룩을 넣어 밑술을 빚는다.
3. 둘째 돼지날 멥쌀을 깨끗이 씻어 가루를 내어 끓인 물로 반죽하고 식으면 밑술에 넣는다.
4. 셋째 돼지날 멥쌀을 깨끗이 씻어 가루를 내어 끓인 물로 반죽하여 식으면 3에 합하여 덧술을 빚는다.

1 재료 준비하기
2 쌀가루에 익반죽하기
3 누룩가루 섞기
4 항아리에 밑술 넣기

과하주
過夏酒

약주에 소주를 섞어 빚는 혼성주
술 이름대로 여름을 날 수 있는 술

과하주 過夏酒

찹쌀 1말을 깨끗이 씻어 물에 담그고, 누룩은 5홉을 가루 내어 명주주머니에 담고 끓는 물을 식혀 반병에 담근다. 이튿날 냉수를 끓여 식거든 찹쌀에 뿌려 쪄 낸다. 식은 후 찐 찹쌀에 담갔던 남은 누룩물 반병을 붓고 4, 5일 지나거든 소주 9대야를 붓고 맵거든 3대야를 더 부어 항아리에 담아 둔다. 7일 지나거든 쓴다.

| 재료 및 분량 |

찹쌀 1말(8kg)
누룩 5홉(500g)
끓여 식힌 물 6L(누룩 불리는 물)
끓여 식힌 물(찹쌀 찌는 데 뿌리는 물)
소주 32.4L(맵거든 3대야(10.8L)를 더 붓는다.)

참고사항

1말 18L, 1홉 180cc, 1병 6L, 1대야 3.6L, 1동이는 1말이며 18L

만드는 법

1. 찹쌀을 깨끗이 씻어 물에 담가 둔다.
2. 누룩을 곱게 가루를 낸다.
3. 누룩가루를 명주자루에 넣어서 끓여 식힌 물 반병에 담가 두었다가 거른다.
4. 이튿날 찹쌀을 깨끗이 씻어 끓여 식힌 물을 뿌려 가며 찐다.
5. 찐 찹쌀고두밥을 거른 누룩 물에 버무린다.
6. 소주와 합하여 항아리에 넣어 술을 빚는다.
7. 7일이 지나면 쓴다.

1 새료 준비하기
2 누룩 불리기
3 찐 찹쌀에 누룩 물 붓기
4 소주와 남은 누룩 합하여 넣기

보리소주

麰燒酒

멥쌀가루로 구멍떡을 빚은 밑술에
보리고두밥으로
덧술을 한 후 증류한 술

보리소주 麰燒酒

고른 보리쌀 1말을 물 1놋동이에 담고, ㅁㅁ 니쌀 1되를 담가 가루 내어 되게 반죽한다. 이 반죽으로 구멍떡을 얇게 만들어 익게 삶아 온그릇째 엎어 넣는다. 여기에 누룩 1되를 섞어 덩어리가 없이 매우 쳐 닥잎에 단단히 싸서 그릇에 담아 서늘한 데 엎어 둔다. 3일 만에 그 보리쌀을 씻어 익게 찌고 그물을 끓여 채워 잠깐 온기 있을 때 그 누룩을 덩어리 없이 풀어 밥과 함께 빚어 5일 만에 고면 내내 향기가 나고 좋다. 누룩이 많을수록 더 좋다. 물이 1사발이나 더 하여도 좋다. 묵은 누룩은 1되 한다.

| 재료 및 분량 |

밑술
멥쌀가루 600g
누룩 500g
물 1L
덧술
보리쌀 4kg

만드는 법

1. 멥쌀을 물에 담가 가루를 낸 후 되게 반죽하여 얇게 구멍떡을 빚는다.
2. 끓는 물에 구멍떡을 넣어 삶아 건진 후 누룩가루를 섞어 매우 쳐서 된 반죽덩어리 상태로 닥나무 잎에 단단히 싸서 그릇에 담아 서늘한 곳에 엎어 둔다.
3. 밑술 하는 날 보리쌀을 깨끗이 씻어 물에 담갔다가 고두밥을 쪄서 차게 식힌다.
4. 보리쌀 담갔던 물을 끓여서 식힌 후 온기가 있을 때 밑술을 풀고 보리고두밥과 혼합하여 덧술을 빚는다.
5. 덧술을 5~10일 발효시켜 걸러 솥에 붓고 소줏고리를 얹어 증류한다.

1 구멍떡에 누룩가루 섞기
2 한지에 싸서 두기
3 소줏고리에 술 내리기

자주 煮酒

좋은 술에 후춧가루, 황밀을 넣고 중탕한 술

자주 煮酒

좋은 청주 5대야에 후춧가루 3돈, 황밀 3돈을 얇게 저며 넣고 병 아가리를 막아 중탕하여 달여 황밀이 다 녹으면 내어 쓴다. 여름에 더 좋다. 후추의 양이 적어도 괜찮다.

| 재료 및 분량 |

청주 5대야(18L)
후춧가루 11g
황밀 3돈(11g)

참고사항

- 대야 3.6L, 1돈 3.75g
- 여름에 더 좋고, 후추가 적어도 괜찮다.

만드는 법

1. 청주와 후춧가루, 저민 황밀을 병에 담아 중탕한다.
2. 황밀이 다 녹으면 꺼낸다.

1 재료 준비하기

2 자주 중탕하기

주식류 찬물류

싀면 | 게탕 | 소천어탕 | 연계찜 | 붕어찜 | 두텁증법
양하적 | 난적법 | 석화느름 | 동아느름 | 숭어채
낙지채 | 순대 | 더덕자반 | 약지히
오이가지선 | 동아전/동아선 | 식해 | 삼일식해 | 약게젓

식면
漏麵

밀가루와 녹말에 물을 넣어 반죽해서 구멍
뚫린 바가지에 내려 익힌 국수

식면 漏麪

밀가루를 겹체에 쳐서 느직이 풀을 쑤어 놓고, 녹말에 물을 뿌려 설기 반죽하듯 비빈 후 쑤어 놓은 풀을 한데 섞어 알맞게 반죽한다. 오래할수록 반죽은 손에 묻지 않고 점점 눅어진다. 그런 후에 바가지에 손가락이 들어갈 만큼 구멍을 뚫은 다음 다시 밑에서 구멍을 막는다. 끓는 물 솥 위에서 반죽해 놓은 것을 바가지에 부은 후 손가락을 빼면 반죽이 구멍으로 흘러내리기 시작한다. 가늘게 하려면 높이 들면 잘 된다. 그리고 국수를 내릴 때 젓가락으로 휘휘 젓는다. 끓여서 익으면 고운 자루에 담아 찬물에 담갔다 건진 후에 깻국이나 오미자국에 청밀을 타서 사용하면 된다. 또한, 반죽을 위와 같이 하되 조금 되게 하여 가는 분판에 누르면 하기 쉽고 좋다.

| 재료 및 분량 |

반죽
밀가루 50g
물 250mL
녹말 15g
물 6~8mL

깻국
흰깨 1 1/2컵
물 8컵
소금 1작은술

오미자국
오미자 1/2컵
물 6컵
꿀(청밀) 1작은술

참고사항
밀가루 : 전분 =10 : 3
전분의 비율이 많아지면 식면을 찬물에 헹굴 때 풀어진다.

깻국 만들기
1. 깨는 깨끗이 손질하여 볶아 블렌더에 곱게 간다.
2. ①에 물을 부어 고운체에 거른다.
3. 소금으로 간을 하여 사용한다.

오미자국 만들기
1. 오미자는 깨끗이 손질하여 물에 하룻밤 담가 둔다.
2. 면포에 걸러 오미자국을 준비한다.
3. ②의 국물에 꿀을 탄다.

만드는 법

1. 밀가루를 체에 쳐서 분량의 물을 넣고 묽게 풀을 쑨다.
2. 녹말에 분량의 물을 뿌려 설기 반죽하듯이 대강 비빈다.
3. 2를 1에 합쳐 반죽을 오래한다.
4. 뜨거운 물이 끓고 있는 솥 위에 구멍 뚫린 바가지를 놓고 3을 부어 떨어뜨려 익힌다.
5. 끓여서 익으면 조리로 건져서 찬물에 담갔다 건진다.
6. 깻국이나 오미자국에 꿀을 타서 먹는다.

1

2

3

1 밀가루와 전분 반죽하기
2 익힌 반죽 바가지에 내리기
3 식면 완성하기

게탕
蟹湯

장국에 게살을 넣고 끓여서 맛을 낸 탕

게탕 蟹湯

게를 두드려서 베에 거른다. 게가 1사발이면 간장 3홉과 기름 1홉을 서로 섞고 무를 어슷어슷하게 썰어 넣어 가장(매우) 끓여 더운 김에 떠서 후춧가루를 뿌린다.

| 재료 및 분량 |

게 5마리(약1kg → 손질한 게살 약 200g)
무 150g
물 800mL
국간장 4큰술
참기름 1큰술
후춧가루 1/8 작은술

참고사항
원문에는 국물에 대한 언급은 없으나 게껍질을 끓여서 그 국물을 사용하면 맛이 더욱 좋다.

만드는 법

1. 게는 솔로 깨끗이 씻어 딱지를 떼고 게살을 발라낸다.
2. 남은 게껍질은 끓여서 육수를 만든다.
3. 무는 어슷어슷하게 썰어 2의 육수에 무, 국간장을 넣고 끓인다.
4. 1의 게살을 국간장, 참기름으로 양념하여 4에 넣고 끓인다.
5. 그릇에 담고 후춧가루를 뿌려 낸다.

1 게살 바르기

2 국 끓이기

소천어탕

川魚湯

장국에 작은 민물생선을 넣고 끓여 맛을 낸 탕

소천어탕 川魚湯

장이나 소금국을 가장(매우) 끓인 후에 고기를 넣고 또 끓이다가 초나 좋은 술을 넣고 다시 한번 끓여 쓴다. 무릇 생선을 콩 삶은 물에 하면 연하다.

| 재료 및 분량 |

작은 민물생선 5마리(400g)
물 800mL
국간장 1큰술
식초 1큰술

참고사항

소천어는 작은 민물생선을 뜻하므로 종류에 상관없이 크기가 작은 민물생선이면 모두 사용이 가능하다.

만드는 법

1. 민물생선은 비늘을 긁고 내장을 빼내어 깨끗이 씻는다.
2. 냄비에 물, 간장을 넣어 팔팔 끓으면 생선을 넣고 끓인다.
3. 2에 식초를 넣고 약한 불에 끓인다.

1 재료 준비하기

2 국 끓이기

연계찜

軟鷄蒸

닭의 뱃속에 갖은 양념을 넣어 찐 후
각종 나물을 곁들여 중탕한 닭찜

연계찜 軟鷄蒸

닭을 핏기 없이 씻고, 밀가루와 감장에 온갖 양념을 한데 짓찧어 닭의 뱃속에 넣는다. 간장물 3사발을 기름을 쳐서 솥에 붓고 나무로 다리를 질러 그 위에 닭을 놓아 가장(매우 푹) 찐다. 국물이 더 맛이 있다. 이리하여 온갖 나물과 함께 알맞은 단지에 넣어 중탕하여 고면 나물이 더 좋다.

| 재료 및 분량 |

닭 1마리(900g)

양념즙

밀가루 3큰술
감장(진간장) 2큰술

갖은 양념

다진 파 1큰술
다진 마늘 1/2큰술
다진 생강 1작은술
후춧가루 1/4작은술
산초가루 1/4작은술

간장물

물 2컵,
간장 1/2컵
참기름 1큰술

나물

고사리 50g
도라지 50g
죽순 50g
무 50g
부추 50g

만드는 법

1. 닭은 내장을 빼고 속을 깨끗이 긁고 씻어 물기를 제거한다.
2. 감장에 밀가루와 다진 파·마늘·생강, 후춧가루, 산초가루 등의 갖은 양념을 하여 걸쭉한 소를 만든다.
3. 2의 소를 닭의 뱃속에 넣는다.
4. 바닥이 두꺼운 냄비에 물, 참기름, 간장을 섞은 간장물을 넣는다.
5. 솥에 나무로 경그레를 놓고 닭을 얹어 1시간가량 푹 찐다.
6. 손질한 도라지, 고사리, 부추는 6~7cm 길이로 썰고, 무는 같은 길이로 굵은 채를 썰고, 죽순은 빗살무늬로 얇게 썬다.
7. 알맞은 크기의 단지(사기그릇)에 닭을 중앙에 놓고 그 주위에 각종 나물을 둘러놓은 후 간장물을 붓는다.
8. 큰 솥에 중탕으로 (2시간 이상) 오래 끓여 충분히 뼈가 물러서 쉽게 빠질 때까지 익힌다.

1 닭 뱃속에 양념 넣기

2 닭 찌기

3 각종 채소 손질하기

4 약불로 중탕하기

붕어찜

鮒魚蒸

붕어에 갖은 양념을 하여
중탕으로 익힌 찜

붕어찜 鮒魚蒸

굵은 붕어를 모두 씻어 뱃속에 양념을 넣는다. 이것을 연계찜 하는 방법대로 하여 대접에 담아 가장(매우) 오랫동안 찐다. 잡티와 뼈를 모두 뽑고 하면 더 좋다.

| 재료 및 분량 |

붕어 3마리(500g)
밀가루 3큰술
감장 2큰술

갖은 양념

다진 파 1큰술
다진 마늘 1/2큰술
다진 생강 1작은술
후춧가루 1/4작은술
산초가루 1/4작은술

만드는 법

1. 붕어는 비늘을 긁고 내장을 제거한 후 깨끗이 씻는다.
2. 밀가루와 감장(진간장)을 섞은 후 갖은 양념을 한다.
3. 2를 붕어에 골고루 바른다.
4. 솥에 나무로 겅그레를 한 후 붕어를 그릇에 담아 1시간 반 이상 푹 찌는데, 중간에 붕어를 뒤집어 준다.

1 붕어 양념하기

2 붕어 찌기

두텁증법

蟾蒸法

두부를 두꺼비 모양으로 떠서
양념장에 넣어 끓인 두부찜

두텁증법 蟾蒸法

단간장을 찌꺼기 없이 받아 물을 알맞게 합하고 밀가루와 한데 합하여 기름 쳐 끓여 두부를 숟가락으로 얇게 떠 지져 뜰 때 후춧가루를 넣는다.

| 재료 및 분량 |

두부 300g
진간장 1큰술
물 2컵
밀가루 2큰술
참기름 2작은술
소금 1/2작은술
후춧가루 1/6작은술

참고사항

두텁증은 섬증법이라 하는데, 두부를 두꺼비 모양으로 떠서 지진 두부찜으로 보인다. 두꺼비는 우리말로 더터비, 두텁, 둗거비라고도 하였으며, 한자로는 섬여(蟾蜍)라고 한다.

만드는 법

1. 진간장에 물, 밀가루, 참기름을 넣어 양념장을 만든다.
2. 두부를 숟가락을 사용하여 두꺼비 모양으로 얇게 뜬다.
3. 냄비에 1을 담아 끓으면 2의 두부를 넣어 약한 불에서 조린다.
4. 완성이 되면 후춧가루를 뿌린다.

1 양념장 만들기

2 두부를 떠 넣어 조리기

양하적

蘘荷炙

데친 양하에 밀가루즙을 입혀
지져낸 구이

양하적 蘘荷炙

양하를 데쳐서 우려 물기 없이 쥐어짠다. 즙을 되직하게 하여 굽는다.

| 재료 및 분량 |

양하 25개
식초 1큰술

밀가루즙
밀가루 1/3컵
물 1컵
소금 1/2작은술

꼬치

만드는 법

1. 양하는 끓는 물에 식초를 넣고 데쳐서 찬물에 재빨리 헹궈 물기를 뺀다.
2. 1의 양하를 길이로 반으로 가르고, 가장 통통한 부분에 꼬치를 찔러 5개씩 꿴다.
3. 밀가루에 물과 소금을 넣어 되직하게 갠다.
4. 2의 양하에 밀가루를 묻히고 여분의 가루를 털어 낸 후 3의 밀가루즙을 입혀서 뜨거운 팬에서 앞뒤로 지져 낸다.

1 양하 데치기
2 양하 반으로 가르기
3 양하 꼬치에 꿰기
4 지지기

난적법

卵炙法

달걀을 풀어 양념하여 대나무통에 넣어
쪄서 다시 구워 낸 달걀구이

난적법 卵炙法

달걀을 많이 깨뜨려서 간장, 후추, 천초, 형개를 서로 섞는다. 이것을 대나무통에 넣고 삶아 내어 두부느름 하는 것처럼 하라. 기름장을 발라 구워 먹는다. 즙을 쳐도 좋고 기름장에 탕하여도 좋다.

| 재료 및 분량 |

달걀 5개
국간장 1작은술
흰 후춧가루 1/8작은술
천초가루 1/8작은술
형개가루 1/8작은술

기름장
참기름 2큰술
간장 2작은술

대나무통

참고사항
직경 7cm 대나무통의 경우 12개의 조각이 나온다. 기름장에 간을 하고, 찐 달걀을 썰어 넣어 끓이면 부드러운 맛이 일품이다.

만드는 법

1. 달걀을 깨뜨려서 난황과 난백을 고루 섞은 후 망체에 내려 멍울을 없앤다.
2. 1에 청장, 흰 후춧가루, 천초가루, 형개가루를 넣고 고루 섞어 양념을 한다.
3. 밑이 막힌 대나무통을 깨끗하게 씻어 그늘에서 말린다.
4. 대나무통에 2를 7~8부 정도 넣은 후 한지를 덮고 종이끈으로 묶는다. 뜨거운 김이 오르는 찜통에 넣고 30분간 찐다.(가는 꼬치로 찔러 보아 묻어나는 것이 없으면 다 익은 것이다.)
5. 찜통에서 대나무통을 꺼내 쪼개고 익은 달걀을 0.7cm 두께로 썬다.
6. 5에 참기름과 간장을 섞은 기름장을 발라 팬에서 살짝 굽는다. (오래 구우면 달걀 표면에 수분이 빠져나가 표면이 고르지 않게 되므로 주의한다.)

1 대나무에 달갈액 넣기

2 달걀 찌기

3 찐 달걀 썰기

4 찐 달걀 굽기

석화느름

石花造泡

석화、토란、두부를 꼬치에 꿰어 지진 느르미

석화느름 石花造泡

굵은 석화를 따뜻한 물에 소금을 조금 풀어 그 물에 쏟는다. 무르게 삶은 토란과 두부와 섞어 꿰어 둔다. 기름장을 발라 오래 구운 후 즙을 하고 후춧가루를 뿌려 쓴다. ㅇ 석화만 하여도 좋다.

| 재료 및 분량 |

석화 15개(껍질 제거한 후 150g)
토란 100g
두부 300g

기름장

참기름 2큰술
간장 2작은술

즙

물 1/2컵
밀가루 1큰술
국간장 1작은술
참기름 1작은술
후춧가루 1/4작은술

꼬치

만드는 법

1. 석화는 껍질을 제거하고 소금을 넣고 깨끗이 씻는다.
2. 토란은 쌀뜨물이나 소금물에 넣어 삶는다.
3. 석화의 길이에 맞추어 삶은 토란, 두부를 자른다.
4. 석화, 토란, 두부의 순서로 꼬치에 꿴다.
5. 4에 기름장을 바르고 팬에 굽는다.
6. 물에 밀가루, 국간장을 넣고 끓여 걸쭉해지면 참기름을 넣어 즙을 만든다.
7. 5에 6의 즙을 하고 후춧가루를 뿌린다.

참고사항

- 느르미는 재료를 찌거나 구워 즙을 친 것이다.
- 토란은 껍질을 벗겨서 삶거나 날것을 삶아 껍질을 벗겨도 된다.
- 기름장은 진간장과 참기름의 비율을 1:1 또는 1:2로 한다.

1 재료 준비하기
2 기름장 바르기
3 팬에 굽기

동아느름

東花造泡

저민 동아에 소를 넣어 말아
꼬치에 꿰어 찐 느르미

동화느름 東花造泡

길이와 너비(長広)를 2치씩 썰어 잠깐 데친다. 껍질과 속을 무른 데가 없이하고 장지 두께만큼씩 저며 둔다. 평고기나 쇠고기에 표고, 석이 양념을 하고 두부도 함께 넣어 만두소 같이 소를 만든다. 동아에 소를 넣어 말아 꼬치 두 개로 꿰어 매우 익게 쪄서 두부느름 즙처럼 하여 쓴다.

| 재료 및 분량 |

동아(소금에 절인 것) 300g
다진 쇠고기 100g
두부 150g
표고버섯 2장(35g)
석이버섯 1장(3g)

양념

진간장 1큰술
다진 마늘 1/2작은술
다진 파 1작은술
참기름 1/2큰술

즙

물 1/2컵
밀가루 1큰술
국간장 1작은술
참기름 1작은술

꼬치

참고사항

- 제철에는 생동아를 이용하고 비철에는 제철의 동아를 소금에 절인 것을 이용한다.
- 장지는 가운뎃손가락으로 여겨지지만 그대로 하면 두꺼우므로 종이로 본다.

만드는 법

1. 동아를 7×7×0.2 cm로 얇게 저민다.
2. 석이버섯은 더운 물에 불려서 손질하여 채 썰고, 표고버섯도 미지근한 물에 불려서 기둥을 떼고 가늘게 채 썬다.
3. 두부는 베보자기에 싸서 물기를 빼고 으깬다.
4. 쇠고기와 2, 3에 갖은 양념을 넣어 고루 합하여 소를 준비한다.
5. 동아를 도마에 펴고 4의 소를 한 수저 놓고 돌돌 말아 꼬치로 꿴다.
6. 5를 김이 오른 찜통에서 약 20분 익힌다.
7. 물에 밀가루, 국간장을 넣고 끓여 걸쭉해지면 참기름을 넣어 즙을 만든다.
8. 6의 동아가 다 쪄지면 뜨거울 때 즙을 고루 끼얹는다.

1 재료를 합하여 소 준비하기

2 동아에 소를 넣고 말기

3 꼬치로 꿰기

4 찜통에 찌기

숭어채

秀魚菜

숭어를 포를 떠서 녹말을 묻혀
데쳐 낸 후 찬물로 식힌 숙회

숭어채 秀魚菜

숭어를 1치만큼 썰어 회를 치듯이 한다. 녹두가루를 묻혀 삶아 초지렁을 한다.

| 재료 및 분량 |

숭어 1마리(약 1kg)
녹말 3큰술
소금 2/3작은술

초간장

간장 2작은술
식초 1작은술

참고사항

숭어 1마리(1kg)를 손질하여 포를 뜨면 숭어살 약 300g이 나온다.

만드는 법

1. 숭어의 비늘을 긁고 깨끗이 씻은 후 껍질을 벗기고 6×2×1cm 정도로 포를 뜬 다음 소금으로 밑간한다.
2. 앞뒤로 녹말을 묻혀 끓는 물에 데친 후 냉수에 담갔다가 건져 내어 물기를 제거한다.
3. 분량대로 초간장을 만들어 찍어 먹는다.

1 숭어 포 뜨기
2 녹말 묻히기
3 데친 생선 냉수에 식히기

낙지채

絡蹄菜

낙지를 데쳐서 자른 후 매운 양념한 숙회

낙지채 絡蹄菜

굵은 낙지를 데쳐 껍질을 벗긴다. 낙지를 1치 정도씩 잘라 잘게 찢어 매운 양념을 하고 초지렁을 한다.

| 재료 및 분량 |

낙지 2마리(약 300g)

양념

다진 파 1작은술
다진 마늘 1/2작은술
다진 생강 1/4작은술
겨자가루 1/2작은술
산초가루 1/4작은술
후춧가루 1/4작은술

초간장

간장 2작은술
시초 1작은술

만드는 법

1. 낙지는 소금을 넣고 바락바락 주무른 후 물로 깨끗이 씻는다.
2. 끓는 물에 데쳐 낸 후 껍질을 벗긴다.
3. 5~6cm 길이로 자른 후 매운 양념을 한다.
4. 초간장에 찍어 먹는다.

1 낙지 손질하기
2 끓는 물에 데치기
3 껍질 벗기기

순대

亨牛肉法

갖은 양념한 선지를 대창에 넣어
속을 채운 후 쪄 낸 순대

황육 삶는 법 烹牛肉法

좋은 살코기는 간장과 새우젓국에 후추를 넣어 삶는다. ○ 대창을 모두 뒤집어 씻는다. 선지가 어리지 못하였을 때는 밀가루와 물과 매운 양념을 한데 고루 합하여 대창에 넣어 삶은 후 어슷어슷 썰어 먹는다. 절미이다.

| 재료 및 분량 | 4인분 기준

돼지 대창 200g
선지 400g
밀가루 6큰술
물 1큰술
소금 1작은술

매운 양념
다진 파 2큰술
다진 마늘 1큰술
다진 생강 1작은술
천초가루 1/4작은술
후춧가루 1/2작은술

참고사항
어느 동물의 대창인지는 표현되어 있지 않으나 일반적으로 순대에 많이 이용하는 돼지의 대창을 이용하였다. 본문에는 황육 삶는 법에 순대법이 있으나 이것을 순대로 독립시켰다.

만드는 법

1. 대창은 30cm 정도의 길이로 잘라 붙어 있는 지방을 떼어 낸 후, 밀가루를 넣어 바락바락 주물러서 손질하여 깨끗이 씻는다.
2. 선지가 굳기 전에 밀가루, 물, 매운 양념을 넣고 고루 합하여 소를 준비한다.
3. 손질한 대창의 한쪽 끝을 면실로 묶고 반대쪽에 깔때기를 끼운 다음, 대창의 3/4 정도만 소를 채운 후 면실로 다른 한쪽 끝을 묶는다.
4. 3의 순대를 찜통에서 쪄 낸 후 어슷어슷하게 썬다.

1 밀가루로 주물러 씻기
2 선지 양념하기
3 대창에 속 채우기
4 순대 찌기

더덕자반

沙參佐飯

더덕을 쪄서 양념한 후 말려 두었다가 구워 먹는 자반

더덕자반 沙參佐飯

더덕의 껍질을 벗기고 두드려서 심을 없애고 쓴맛이 없도록 모두 우린다. 익게 쪄서 소금, 기름, 간장, 후추를 한데 넣어 섞는다. 이것을 하룻밤 동안 재웠다가 말려서 두고 구워서 쓴다.

| 재료 및 분량 |

더덕 20개(1kg)
소금 1작은술
간장 큰술
참기름 3큰술
흰 후춧가루 1/8작은술

만드는 법

1. 더덕은 깨끗하게 씻은 후 껍질을 벗긴다. 더덕은 길이로 반을 갈라 방망이로 두드려서 부드럽게 한 후 찬물에 담가 쓴맛을 우려낸다.
2. 더덕을 뜨거운 김이 오르는 찜통에 넣어 10분 정도 찐다.
3. 소금, 참기름, 간장, 흰 후춧가루를 섞어서 양념장을 만든다.
4. 찐 더덕에 양념장을 발라 하룻밤 동안 재워 둔다.
5. 양념한 더덕을 채반에 널어 바람이 잘 통하는 그늘에서 이틀 정도 꾸덕꾸덕하게 말린다.
6. 말린 더덕은 저장해 두었다가 구워서 먹는다.

1

2

3

1 손질한 더덕 찌기
2 찐 더덕 말리기
3 더덕 굽기

약지히

藥沉菜

가지나 오이에 열십자로 칼집을 내어 더운 물에 데쳐서 쇠고기와 양념을 소로 넣어 간장물에 익힌 장아찌

약지히 藥沉菜

가지나 외나 갓 열매 맺은 것을 꼭지를 베고 열십자로 칼집을 낸다. 이것을 잠깐 데친 후 물기 없이 널에 짚을 깔고 눌러 둔다. 형개, 후추, 마늘, 파 등 온갖 양념을 썰어 기름장에다 볶는다. 볶아 둔 양념을 데쳐 둔 채소의 속에 넣는다. 간장을 달여 더운 김에 부어 알맞은 단지에 넣어 두고 쓴다. 꿩고기나 쇠고기를 만두속같이 하여 넣으면 더 좋다. ○ 죽순도 연한 것을 삶아 많이 우려서 물기 없이 하여 그대로 한다.

| 재료 및 분량 |

오이 5개
가지 5개
국간장 250mL
물 250mL

갖은 양념

형개가루 1/2큰술
후춧가루 1/2작은술
마늘 125g
파 250g
감장 1 1/2큰술
참기름 4 1/2큰술

쇠고기 소

다진 쇠고기 150g
형개가루 1/3큰술
후춧가루 1/3작은술
다진 마늘 10g
다진 파 8g
간장 1큰술
참기름 1작은술

만드는 법

1. 오이는 깨끗이 씻어 열십자로 칼집을 낸다. 가지는 깨끗이 씻어 꼭지 부분을 자르고 열십자로 칼집을 낸다.
2. 끓는 물에 1을 넣고 자른 부분이 벌어지면 물기 없는 널에 짚을 깔고 반나절 정도 널로 눌러 물기를 빼 둔다.
3. 형개가루, 후춧가루, 마늘, 파 등을 썰어 기름장에 볶는다. 쇠고기 소는 쇠고기, 형개가루, 후춧가루, 마늘, 파, 간장, 참기름을 넣고 볶는다.
4. 볶아 둔 양념과 소를 각각 데쳐 둔 오이와 가지의 속에 넣는다.
5. 4를 항아리에 넣고 간장과 물을 섞어 달인 것을 뜨거울 때에 붓는다.

1 오이 데친 물 빼기
2 양념 볶기
3 소 넣기
4 항아리에 담기
5 달인 간장 붓기

오이가지선

苽 茄 菜

오이와 가지에 열십자로 칼집을 내어
마늘 소를 넣은 후 소금물에 절였다가
먹는 장아찌

오이가지선 苽茄菜

오이와 가지를 모두 씻어 꼭지를 잘라 버리고 열십자로 칼집을 넣는다. 마늘을 잘게 두드려서 속에 넣고 짚으로 동여맨다. 소금물을 알맞게 하여 담가 두었다가 쓴다.

| 재료 및 분량 |

오이 10개(2kg)
가지 10개(1.2kg)
마늘 250g
굵은 소금 270g
물 4L

볏짚

참고사항
음식명은 외가지선이나 내용은 외가 지장아찌이다.

만드는 법

1. 오이는 굵은 소금에 문질러 흐르는 물에 깨끗하게 씻고, 가지는 흐르는 물에 깨끗하게 씻는다.
2. 오이와 가지의 꼭지를 잘라 버리고 길이로 양쪽에 2~3cm를 남기고 열십자로 칼집을 낸다.
3. 마늘은 곱게 다진다.
4. 물에 소금을 녹여서 체에 한번 밭쳐 위에 뜨는 불순물을 제거한다.
5. 다진 마늘을 칼집 낸 오이와 가지에 채우고 짚으로 동여맨다.
6. 항아리에 5의 오이와 가지를 넣고 소금물을 부은 후 오이나 가지가 뜨지 않도록 무거운 돌로 눌러 준다.
7. 담근 지 5일이 지나면 먹을 수 있다.

1 다진 마늘 소 넣기
2 짚으로 동여매기
3 돌로 눌러 주기

동아전 동아선 東花煎

동아를 절여 기름에 볶은 동아전

동아에 깻국을 부은 동아선

동화전 東花煎

9~10월 동아를 껍질과 속을 없앤다. 동아를 약과 같이 썰어 잠깐 간을 하여 숨이 죽으면 기름을 넣고 많이 볶는다. 볶은 동아를 펴서 더운 김에 달인 간장을 붓고 생강과 마늘을 잘게 썰어 섞은 후 김이 나지 않게 싸 두었다가 정이월까지 쓴다. ○ 동아선은 잠깐 간을 하여 이슥거든 가장 얇게 낙화같이 썰어 초와 겨자를 넣어 쓴다. 깻국을 타면 더 좋다.

| 재료 및 분량 |

동아전

동아(소금에 절인 것) 150g
국간장 1큰술
기름 1/2큰술
생강 5g
마늘 5g

동아선

동아(절인 것) 150g

깻국

흰깨 1/4컵
물 1/2컵
소금 1/4작은술
갠 겨자 1/2작은술
식초 1/2큰술

참고사항

- 동아전은 4~5개월 정도 저장하여 먹을 수 있는 음식이다.
- 동아선에서 '이슥거든'은 '숨이 죽거든'이라는 뜻이다.

만드는 법

동아전

1. 동아를 4×5×0.8 cm로 썰고, 생강과 마늘은 얇게 편으로 썬다.
2. 팬에 동아와 기름을 넣고 볶는다.
3. 2에 생강, 마늘, 간장을 넣는다.

동아선

1. 동아를 2×3×0.4cm로 썬다.
2. 흰깨를 깨끗이 씻어서 타지 않게 볶아 절구에 곱게 빻고 물을 넣어 풀어서 베보자기에 밭쳐 깻국을 준비한다.
3. 동아에 갠 겨자와 식초를 넣고 깻국을 붓는다.

1 동아 준비하기
2 동아 편으로 썰기
3 동아 볶기

식해 食醢

생선을 소금에 절여서 말려 쌀밥과 소금에
버무려 발효시킨 식해

식해 食醢

고기(생선)를 비늘을 벗기고 배를 따서 잘 씻어 간을 한다. 고기에 간이 들면 널 위에 짚을 깔고 고기를 펴고 또 짚을 깔고 널로 눌러 둔다. 멥쌀로 밥을 무르게 지어 소금을 알맞게 섞어 넣고 죽피(竹皮)를 깔아 돌로 누르고 물을 부어 그늘에 두고 물을 자주 갈아 삼칠일 후에 쓴다. 끓여서 식힌 물을 넣으면 더 좋다. 빨리 쓰려거든 밀가루를 넣어 두면 된다. 추운 때는 물을 붓지 말고 따뜻한 데 둔다.

| 재료 및 분량 |

붕어 4마리
소금(생선에 뿌리는 것) 40g
멥쌀 600g
소금(밥에 넣는 것) 30g
끓인 물 600mL
대나무 껍질 10g
돌

참고사항
소금의 양 : 내장을 제거한 생선 무게의 5%, 쌀 분량의 5%

만드는 법

1. 생선은 비늘을 긁고 배를 갈라 내장을 제거한 후 깨끗이 씻어 소금을 뿌려 하룻밤 재워 둔다.
2. 생선에 간이 배면 널 위에 짚을 깔고 생선을 펴고 그 위에 짚을 깔고 널로 3일간 눌러 둔다.
3. 멥쌀로 밥을 무르게 지어 소금을 섞는다.
4. 2의 생선에 3을 넣어 버무린다.
5. 항아리에 4를 차곡차곡 담고 그 위에 대나무 껍질을 덮어 돌로 누른다.
6. 끓여서 식힌 물을 가득 붓는다.
7. 그늘에 두고 21일 후에 사용한다.

1 생선 말리기
2 말린 생선에 밥 버무리기
3 항아리에 담기
4 대나무 껍질 덮고 돌로 누르기

삼일식해

三日食醢

소금에 절여 말린 생선에 멥쌀밥과
밀가루, 소금을 섞어 기름종이에 싸서
발효시킨 후 3일 후에 먹는 식해

삼일식해 三日食醢

위의 (식해) 법대로 하되 고기(생선)를 알맞게 두드려 베고 소금과 밀가루를 알맞게 밥에 말아 넣고 기름 종이(油紙)로 싸고 다시 깔아 두었다가 3일후에 쓴다. 고기가 굵으면 더디 된다.

| 재료 및 분량 |

대구 1/2마리(약 430g)
소금 13g
멥쌀 500g
물 750mL
밀가루 25g
소금 26g

기름종이

참고사항
생선의 두께가 두꺼우면 식해가 되는 데 많은 시간이 걸리므로 두께를 두드려 얇게 하여 사용한다. 기름종이가 없으면 한지에 들기름이나 식용유를 발라서 사용한다.

만드는 법

1. 식해 방법처럼 소금에 절여 말린 생선을 알맞게 두드려 적당한 크기로 썬다.
2. 멥쌀과 물을 넣고 밥을 한 후 식혀서 소금과 밀가루를 섞는다.
3. 2에 1을 넣어 골고루 섞은 다음 기름종이로 싼다.
4. 3을 항아리에 차곡차곡 넣은 다음 3일 후에 사용한다.

1 밥에 밀가루 섞기
2 생선에 밥 버무리기
3 기름종이에 싸기
4 항아리에 담기

약게젓

藥蟹醢

참게에 향신채소를 넣고 기름장을 부어 담근 게젓

약게젓 藥蟹醢

(약게를) 바구니에 담아 소반을 덮어 하룻밤이 지나면 기름장을 섞고, 후추, 생강, 마늘을 잘게 썰어 섞어 담는다. 기름장을 달여 따뜻한 김이 있을 때 담아서 7일 후에 쓴다. 다른 젓갈은 소금물을 끓여 식거든 담는다.

| 재료 및 분량 |

참게 7마리(1kg)
마늘 40g
생강 20g
통후추 5g

기름장

진간장 7컵
참기름 3 1/2컵

참고사항

게젓은 일반적으로 소금이나 간장을 이용하여 담그나, 〈주방문〉에는 기름장을 이용하는 방법이 기록되어 있다.

만드는 법

1. 참게는 바구니에 담아 소반을 덮어 하룻밤을 두어 해감을 토하게 한 후 솔로 문질러 씻어 물기를 뺀다.
2. 생강과 마늘은 껍질을 벗긴 후 편으로 썬다.
3. 진간장에 참기름, 생강, 마늘, 통후추를 넣고 약한 불에서 20분 정도 가열하여 간장물을 만든다.
4. 항아리에 손질한 참게를 넣고 한김 나간 3을 붓는다. 참게가 간장물에 완전히 잠길 수 있게 넙작한 돌로 누른 후 뚜껑을 덮어 시늘한 곳에 둔다.
5. 이틀이 지난 후 항아리의 간장물을 쏟아 다시 끓여 한김 식혀 항아리에 다시 붓는다.
6. 이틀이 지난 후 다시 한 번 반복한다. 게장을 담근 지 7일이면 먹을 수 있다.

1 재료 준비하기

2 간장물 붓기

병과류
음청류

기증편 | 상화 | 꽃전 | 겸절병 | 약과 | 연약과

중박계 | 우근겨 | 산자 | 강정 | 빙사과 | 콩다식 | 토장

기증편
起蒸餠

멥쌀가루에 술을 넣어
발효시킨 후 찐 떡

기증편 起蒸餠

1말만 하려거든 쌀 1되로 죽을 되직하게 쑤어 누룩을 보슬보슬 섞어 둔다. 밑술이 있거든 넣는다. 밑이 익으면 이틀 만에 쓰고 아니면 사흘 만에 쓴다. 1말 가루에 반죽을 알맞게 하여 따뜻한 데 놓았다가 기(발효)하거든 시루에 보자기를 깔고 켜켜이 고명을 놓아 자주 고르게 나누어 찐다. 가루는 가장 뇌여야 좋다.

| 재료 및 분량 |

멥쌀가루 5컵(500g)
소금 1작은술
막걸리 3/4컵(150ml)
물(50℃) 3/4컵(150ml)
설탕 85g

고명

대추 3개
밤 2개
석이버섯 2장
잣 1작은술
기름 1큰술

만드는 법

1. 소금 넣어 빻은 멥쌀가루를 고운체에 내린다.
2. 막걸리에 물과 설탕을 섞어 멥쌀가루에 넣어 반죽한다.
3. 반죽을 35℃에서 4시간 정도 발효시켜 부피가 2배 정도 되면 주걱으로 저어 가스를 빼고 틀에 붓는다.
4. 3 위에 채 썬 대추, 채 썬 석이버섯, 얇게 썬 밤, 쪼갠 잣을 고명으로 얹어 약한 불에서 5분, 센불에서 20분, 다시 약한 불에서 5분간 찐다.
5. 틀에서 빼내어 기름을 바른다.

참고사항

〈주방문〉에는 어떤 고명을 사용하였는지 언급되어 있지 않으나 대추, 석이버섯, 밤, 잣을 고명으로 썼다.

1 쌀가루 고운체에 치기
2 반숙하기
3 발효된 상태
4 발효된 반죽 공기 빼기
5 고명 얹어 찌기

상화
霜花

밀가루를 술로 발효하여 소를 넣어 찐 떡

상화 霜花

멥쌀로 죽을 쑤어 식힌다. 누룩의 겉껍질을 벗기고 배만큼 하게 하여 물에 담갔다가 붉은 물을 우려 버리고 새 물에 담가 힘주어 주물러 뿌연 물을 받는다. 그 죽에 되기를 고자묵만하게 섞어 끓여 따뜻한 데 둔다. 이틀 만에 또 멥쌀로 죽을 쑤되 밑술을 2되를 하였거든 5홉을 쑤어 덮어 이튿날 기(발효)하거든 진가루(밀가루) 깨끗이 뇌여 그 술에 소금 간간히 하여 맞게 말아 빚어 놓는다. 기하거든 시루에 증편 찌듯 한다. 소는 정함이나 콩같이 꿀을 말거나 한다. 채소도 좋다. 반죽할 때 눅지게 하여야 연하여 좋다.

| 재료 및 분량 |

밀가루(중력분) 3컵(300g)
생막걸리 180mL
소금 2/3작은술
설탕 3큰술

정함소
콩가루 1컵(70g)
꿀 3큰술(60g)

채소소
오이 1/2개(70g)
건표고버섯 2장(15g)
느타리버섯 50g
석이버섯 2장
간장 1큰술
설탕 1/2큰술
다진파 2작은술
다진마늘 1작은술
깨소금 1작은술
참기름 1작은술
후추 약간

원형한지(지름10cm) 10장

참고사항
본문에는 채소도 좋다고 하였으나 그 내용은 없었다. 〈음식디미방〉에는 외나 박, 표고버섯, 석이버섯, 참버섯으로 소를 하였다. 반죽의 발효된 정도는 반죽 의 밑을 들어 보아 벌집 같은 모양이 되었으면 잘 발효된 것이다.

만드는 법

1. 밀가루에 생막걸리와 소금, 설탕을 넣고 반죽한다.
2. 반죽을 매끄럽고 둥글게 만들어 발효시킨다.
3. 발효된 반죽을 치대어 공기를 뺀 후 60g씩 나누어 정함소나 채소소를 넣는다.
4. 소를 넣어 둥글게 빚은 것을 한지에 올려 따뜻한 곳에서 30~40분 정도 발효시킨다.
5. 모양이 흐트러지지 않게 찜통에 옮겨 약한 불에 5분, 센불에 20분간 찐다.

소 만들기

1. 정함소는 콩가루에 꿀을 섞는다.
2. 채소소는 오이를 4cm 길이로 잘라 돌려 깎은 후 채를 썰어 소금물(물 1컵+소금 2작은술)에 절여 꼭 짜서 볶는다.
3. 다듬은 석이버섯과 표고버섯은 곱게 채 썰고 느타리버섯은 데쳐 찬물에 헹구어 꼭 짜서 찢어 합하여 양념하여 볶는다.

1 밀가루 반죽하기

2 발효된 밀가루 반죽

3 소 넣어 빚기

4 찌기

꽃전

花煎

메밀가루에 찹쌀가루를 섞어 물로 반죽하고
꽃을 넣어 지진 후 꿀물에 즙청한 떡

꽃전 花煎

메밀가루 2분량에 찰가루 1분량이라야 워석워석하여 좋으니 누르게 지져 더운 김에 꿀물에 잠가 낸다. 꽃이 많아야 좋다.

| 재료 및 분량 |

메밀가루 1컵(100g)
찹쌀가루 1/2컵(50g)
물 3/4컵
소금 1/2작은술
진달래꽃 40~50개
지짐용 기름 1/2컵
꿀 3큰술

참고사항

〈주방문〉에 꽃의 종류는 쓰여 있지 않으나, 〈음식디미방〉의 전화법에는 찹쌀가루에 메밀가루를 조금 넣는다고 하였으며, 두견화나 장미화, 출단화를 쓴다고 하였다.

만드는 법

1. 메밀가루와 찹쌀가루에 물과 소금을 넣고 걸쭉하게 반죽한다.
2. 진달래꽃은 암 · 수술을 떼고 씻어 물기를 없애고 반죽에 섞는다.
3. 팬에 기름을 두르고 반죽을 한 숟가락씩 떠 놓아 지져 한 면이 익으면 뒤집어 익힌다.
4. 지져진 화전에 꿀을 바른다.

1 반죽하기
2 반죽에 꽃 넣기
3 지지기
4 즙청하기

겸절병

兼節餠

밀가루、메밀가루、녹두가루를
섞어 반죽하여 소를 넣고 지진 떡

겸절병 兼節餠

밀가루 1되, 메밀가루 5홉, 녹두가루 2홉을 섞고 맛있는 고기로 상화 소 하듯 하여 만두같이 빚어 기름에 지져 생강, 마늘 초간장에 담가 먹는다.

| 재료 및 분량 |

반죽
밀가루 1컵(100g)
메밀가루 1/2컵(50g)
녹두가루 1/5컵(25g)
소금 1작은술
끓는물 1/2컵

소
다진 쇠고기 100g
소금 1/2작은술
설탕 1/2작은술
다진 파 2작은술
다진 마늘 1작은술
참기름 1작은술
깨소금 1작은술
후춧가루 약간

지짐용 기름

초간장
진간장 1큰술
물 1작은술
식초 2작은술
생강(즙) 1작은술
마늘(즙) 1작은술

만드는 법

1. 밀가루, 메밀가루, 녹두가루 합하여 소금을 넣고 끓는 물로 익반죽하여 젖은 면포로 덮어 30분 정도 둔다.
2. 다진 쇠고기를 양념하여 볶는다.
3. 1의 반죽을 25g씩 나누어 직경 8cm 정도로 동글납작하게 만든다.
4. 소를 넣어 만두같이 마주 붙여 꼭꼭 오므려 속까지 잘 익도록 기름에 지져 낸다.
5. 생강과 마늘을 넣은 초간장을 곁들인다.

1 반죽하기
2 소 만들기
3 소 넣어 빚기
4 지지기

약과
藥果

밀가루에 기름과 꿀을 넣고 반죽하여
약과판에 박아 내서 기름에 지져 내어
즙청꿀에 담근 유밀과

약과 藥果

밀가루 1말에 꿀(淸蜜) 1되 5홉, 청주 5홉, 따뜻한 물 5홉을 교합하여 만들어 지져서 즙청꿀(蜜水)에 담가 둔다.

| 재료 및 분량 |

밀가루 2컵(200g)
소금 1/2작은술
꿀 6큰술(120g)
청주 2큰술
따뜻한 물 2큰술
지짐용 기름 3컵
즙청꿀 1컵

만드는 법

1. 꿀, 청주, 따뜻한 물을 섞는다.
2. 밀가루에 소금을 넣고 1을 고루 비벼 반죽하여 약과판에 박아 낸다.
3. 팬에 기름을 붓고 100℃에 2를 넣고 갈색이 나도록 뒤집으면서 지져 낸다.
4. 지져 낸 약과를 더울 때에 바로 즙청꿀에 담근다.

1 꿀, 청주, 따뜻한 물 섞기
2 밀가루에 꿀물 붓기
3 약과판에 박기
4 지지기

연약과

軟藥果

볶은 밀가루에 꿀과 기름을 넣고
반죽하여 약과판에 박아 내서 기름에
지져 즙청한 부드러운 유밀과

연약과 軟藥果

밀가루 5되를 잠깐 볶아 꿀 7홉과 기름 2홉 반을 함께 섞어서 만들어 지진 후 밀수(蜜水)에 담가 두면 가장 연하다.

| 재료 및 분량 |

밀가루 2컵
꿀 5큰술
참기름 2큰술
지짐용 기름 3컵
꿀 1컵

만드는 법

1. 밀가루를 잠깐 볶는다.
2. 1에 꿀과 기름을 넣고 반죽하여 약과판에 박아 낸다.
3. 번철에 기름을 넣고 기름이 140℃로 달궈지면 2를 넣고 지져 낸다.
4. 지져 낸 연약과를 꿀물에 즙청한 후 꺼낸다.

1 밀가루 볶기
2 반죽하기
3 약과판에 박기
4 지지기
5 즙청하기

중박계

中朴桂

밀가루에 참기름과 꿀을 넣어 반죽하여 밀어
장방형으로 썰어 기름에 지진 유밀과

중박계 中朴桂

꿀(淸蜜) 2되를 물 1되에 섞어 매우 끓여 식으면 밀가루 1말에 넣어 만든다.

| 재료 및 분량 |

밀가루 2컵
꿀 6큰술
물 3큰술
지짐용 기름 3컵

참고사항

- 약과와 다른 점은 반죽할 때 약과에 비해 기름을 적게 쓰고 술을 쓰지 않으며, 기름에 지져 내고 즙청은 하지 않는다는 것이다.
- 방신영의 〈우리나라 음식 만드는 법〉과 한희순, 황혜성, 이혜경의 〈이조궁정요리통고〉 등에서는 속이 절반쯤 익으면 꺼낸다고 하였다.

만드는 법

1. 꿀과 물을 섞어 끓여 식힌다.
2. 밀가루에 1을 넣고 반죽하여 4×8×0.8cm 크기로 썬다.[1)]
3. 기름의 온도가 120℃ 정도가 되면 2를 넣어 지져 낸다.[2)]

1) 모양은 다른 문헌을 참고하여 두께 0.8cm, 너비 4cm, 길이는 8cm로 만들었다.

2) 원문에는 기름에 지지는 것이 없으나 역시 다른 문헌을 참고하여 기름에 지졌다.

1 밀가루에 꿀, 물 붓기
2 반죽하기
3 밀어 썰기
4 지지기

우근계

竹節

밀가루에 꿀과 물을 넣고 반죽하여
죽절 모양으로 만든 유밀과

우근겨 竹節

밀가루 4되에 꿀 7홉과 물 7홉을 넣되, 꿀을 더하고 물을 더하면 더 좋다.

| 재료 및 분량 |

밀가루 200g
소금 1/2작은술
꿀 7큰술
물 7큰술
지짐용 기름 3컵

만드는 법

1. 밀가루에 소금, 꿀, 물을 넣어 반죽한다. 이때 꿀과 물은 섞어서 한다.
2. 반죽을 얇게 밀어 6×2cm 크기로 썬다.
3. 칼등이나 나무 꼬챙이로 대나무 마디 모양을 낸다.
4. 120℃로 달궈진 기름에 넣어 앞면, 뒷면이 누런색이 나도록 지진다.

참고사항

- 꿀을 더하고 물을 더하면 좋다 하였으나 물을 덜하는 것이 좋다.
- 한자로 죽절(竹節)이라 되어 있어 대나무 마디 모양으로 만들었다. 원문에는 기름에 지져 낸다는 말이 없지만 일반적인 유밀과 제법을 고려하여 기름에 지졌다.
- 〈국어사전〉에 죽절과(竹節果)는 죽절 모양으로 만든 과줄이라고 기록되어 있다.

1 밀가루에 꿀, 물 붓기
2 반죽하기
3 썰어 모양내기
4 지지기

산자
散子

찹쌀로 만든 산자 바탕을
기름에 튀겨서 부풀어지게 한 후
조청을 바르고 고물을 묻힌 유과

산자 散子

가루(찹쌀가루) 1말에 꿀 5홉을 물에 타서 끓여 식으면 만들어 엿에 녹여 강반을 묻힌다.

| 재료 및 분량 |

찹쌀가루 5컵
꿀 1/2컵
물 1/4컵
조청 1컵
녹말가루 2컵
술 1/2컵
강반 2컵
튀김용 기름 3컵

참고사항

- 꿀물로 반죽한 것이 일반적인 산자 만드는 법과 달랐으며, 찹쌀을 삭히는 과정, 찌는 과정, 치는 과정, 바탕 만드는 방법, 고물 만드는 방법 등이 생략되어 있다.
- 산자와 강정, 빙사과의 반죽을 만드는 방법은 같다. 즉 찹쌀가루에 술을 넣고 반죽하여 쪄서 익힌 후 꽈리가 일도록 저어서 만든다. 다만 산자는 반죽을 편편하게 밀어 네모 모양으로 만든 다음 기름에 튀겨 즙청하여 고물을 묻히고, 강정은 갸름하게 썰어 말렸다가 기름에 튀겨 즙청하여 고물을 묻힌다.
- 빙사과는 반죽을 팥알만큼씩 썰어 기름에 튀겨 꿀에 버무린 다음, 네모난 틀에 부어 굳혀 다시 작은 네모로 썬다.

만드는 법

1. 찹쌀을 일주일 정도 물에 담가 골마지가 끼도록 삭힌 다음 뽀얀 물이 나오지 않을 때까지 씻어서 3번 정도 빻아 가루를 낸다.
2. 꿀과 물을 섞어 끓여 식힌다.
3. 찹쌀가루에 2와 술을 넣고 버무려 찜통에서 30분 정도 찐다.
4. 찐 반죽을 절구에 넣고 꽈리가 일도록 세차게 치댄다.
5. 반죽이 방망이에 실처럼 따라 올라오는 상태가 되면, 넓은 도마에 녹말가루를 뿌리고 치댄 반죽을 놓은 후 다시 위에 녹말가루를 뿌려 0.3cm 두께로 민다.
6. 반죽을 밀어서 5×5cm 크기의 네모 모양으로 만든다.
7. 방바닥에 한지를 깔고 붙지 않게 쭉 늘어놓아 뒤집어 주면서 2~3일 정도 말린다.
8. 잘 말린 산자바탕을 90~100℃의 기름에 넣어 서서히 부풀린다.
9. 부풀린 바탕을 180~190℃의 기름에 옮겨 튀긴다.
10. 튀밥을 어레미나 중간체에 내려 조각을 내어 강반[1]을 만든다.
11. 튀겨 낸 산자를 조청[2]에 담갔다 꺼내어 10의 강반을 묻힌다.

1) 강반은 튀밥을 크게 부스러뜨린 것이다.

2) 원문에는 엿을 사용하였으나 편리하게 조청을 사용하였다.

1 바딩 찌기
2 썰어 말리기
3 튀기기
4 즙청하기

강정 羌淨

찹쌀로 바탕을 갸름하게 만들어
기름에 지져 꿀이나 조청을 바르고
고물을 묻힌 유과

강정 羌淨

깨끗한 찹쌀가루를 좋은 술에 반죽하여 엿을 만드는 것처럼 하여 더운 방에 말린다. 너무 말려도 부풀지 아니하고 너무 질어도 좋지 아니하니 알맞게 하여 지져서 묻힌다.

| 재료 및 분량 |

찹쌀 5컵
술 1/2컵
튀김용 기름 3컵
소청 1컵
고물(세반, 실깨) 1컵

참고사항
좋은 술은 청주를 이용하였다.

만드는 법

1. 깨끗한 찹쌀가루에 좋은 술을 넣어 반죽한다.
2. 반죽을 쪄서 익힌다.
3. 익힌 반죽을 꽈리가 일도록 쳐서 알맞게 늘어지면 꺼내어 0.7cm 두께로 밀어 0.5×2cm 정도로 갸름하게 썬다. 반죽을 얇게 밀 때는 찹쌀가루나 녹말가루를 덧가루로 쓴다.
4. 더운 방에 한지를 깔고 3을 그 위에 펴서 말린다.
5. 90~100℃의 기름에 4를 넣고 서서히 부풀린다. 이것을 180~190℃ 정도의 기름에 옮겨 튀긴다.
6. 찹쌀을 말려 기름에 튀겨서 절구에 찧거나 도마에 놓고 칼로 다져서 부스러뜨려 세반을 만든다.
7. 튀겨 낸 강정을 조청에 담갔다 꺼내 세반, 실깨 등 고물을 묻혀 낸다.

1 바탕 찌기
2 썰어 말리기
3 튀기기
4 세반 튀기기
5 세반 무치기

빙사과

찹쌀가루에 술을 넣고 찐 반죽을 팥알만큼씩 썰어 말려 기름에 튀긴 다음 꿀이나 조청에 버무려 네모난 틀에 부어 굳혀 네모로 썬 유과

빙사과

빙사과도 일일이 잘게 썰어 지져서 흑탕(갱엿)에 버무려 엉긴 후에 썬다.

| 재료 및 분량 |

찹쌀 컵
술 1/2컵
튀김용 기름 3컵
갱엿 300g

만드는 법

1. 깨끗한 찹쌀가루에 좋은 술을 넣어 반죽하여 찐다.
2. 쪄 낸 반죽을 강정 바탕처럼 얇게 밀어 0.3×0.3×0.3cm 정도로 썰어 말린다.
3. 2를 90~100℃의 기름에 담가 부풀린다. 이것을 망에 담아 150℃ 정도의 기름에 넣어 저으면서 튀긴다.
4. 갱엿 녹인 것에 3을 넣고 버무려 엉기면 틀에 넣고 윗면이 평평하게 되도록 밀대로 민다.
5. 굳으면 3×3cm 크기로 썬다.

1 바탕 말리기
2 튀기기
3 갱엿에 버무리기
4 틀에 넣어 밀기
5 썰기

콩다식

볶은 콩가루를 꿀로
반죽하여 꿀에 즙청한 다식

콩다식

볶은 콩가루에 청밀만 반죽하여 만들어 지지지 말고 그저 즙청한다.

| 재료 및 분량 |

볶은 콩가루 1컵(80g)
소금 1/3작은술
꿀 2 1/2큰술(50g)
즙청꿀 3큰술(60g)

만드는 법

1. 볶은 콩가루에 소금과 꿀을 넣고 반죽한다.
2. 반죽을 밤톨만큼씩 떼어서 다식판에 박아 낸다.
3. 콩다식을 즙청꿀에 담가 두었다가 꺼낸다.

1 공가루에 꿀 넣기
2 콩가루 반죽하기
3 다식판에 박기
4 즙청하기

토장 着麵

녹말과 물을 잘 개어서 그릇에 얇게
펴 담고 끓는 물에 넣어 익혀서 썰어
오미자국에 넣어 먹는 음청류

토장

착면(着麵)이라고 한다. 녹말을 묽게 물에 타 얇은 행긔 뚜껑에 작말 쳐 끓는 물에 기울여 담갔다가 흘려 종이같이 얇게 익거든 찬물에 떼어 담가 너붓너붓 썬다. 면 하듯이 하여 쓴다.

| 재료 및 분량 |

착면

녹말 1/2컵
물 1/2컵
소금 2작은술

오미자국

오미자 1/2컵
물 6컵
꿀 1작은술

만드는 법

면 만들기

1. 녹말을 물에 묽게 타 높이가 얕은 그릇에 붓는다.
2. 1을 끓는 물에 기울여 담갔다가 흘려 종이 같이 얇게 익힌다.
3. 2를 찬물에 넣어서 떼어 길쭉길쭉하게 썬다.
4. 오미자국에 3을 넣고 꿀로 간을 한다.

오미자국 만들기

1. 오미자는 깨끗이 손질하여 하룻밤 물에 담가 둔다.
2. 면포에 걸러 오미자국을 준비한다.
3. 2에 꿀을 탄다.

1 진분물 붓기
2 착면 익히기
3 착면 떼어내기
4 착면 썰기

양념류

즙디히 | 왜장 | 급히 쓰는 장 | 육장

밀초 | 보리초 | 차조초 | 조청 | 녹말

즙디히

汁　醬

메줏가루에 소금, 밀가루, 누룩을 섞고 나물을
넣어 죽같이 하여 두엄에 묻어 익힌 장

즙장汁醬

나물 1동이에 메주 1말, 소금 2되, 밀가루, 누룩 각 5홉을 섞는다. 마른 그릇에 단단히 싸서 뜨는 두엄에 넣었다가 7일 후에 쓴다. ○ 메줏가루 3말에 소금 3되, 밀가루 2되, 좋은 술 2대야를 나물 4말에 합하여도 좋다. ○ 메주 하는 법은 콩 1말이면 쑬 때 기울 5되 위에 얹어 찐다. 찧어서 단단히 쥐어 띄워 말려 어레미로 친다. 툽툽한 죽같이 하여 소금을 알맞게 넣어 나물을 간하여 켜켜이 넣는다.

| 재료 및 분량 |

즙장 메주

콩 1말
밀기울 5되

즙장

메줏가루 1말
밀가루 5홉
누룩 5홉
소금 2되
나물(가지, 무오가리, 배추오가리, 고춧잎, 무청) 1동이
소금(절임용) 나물 양의 2%

참고사항

- 〈조선무쌍신식요리제법〉에는 메주를 띄울 때 가랑잎, 쑥잎, 북나무잎, 닥나무잎를 쓴다고 하였다.
- 옛날에는 뜨거운 말똥 속에 묻고 생풀을 덮어 훈증했으며 2주나 3주 만에 먹을 수 있었다.
- 요즈음은 전기밥솥에서 보온하면 하룻밤이면 뜬다. 꺼내어 한 번 끓여 두거나 냉장 보관한다.
- 즙이라 하는 것은 국물을 말한다. 나물들이 즙 속에 잠겨 있어야 하고, 즙장 즙이 너무 묽으면 빛이 들지 않는다.
- 메주 만들 때 콩이 많으면 맛이 달고 밀기울이 많으면 맛이 시고 좋지 못하다.

만드는 법

즙장 메주 만들기

1. 콩을 씻어 물에 콩이 잠기도록 붓고 삶아 물러지면 밀기울을 위에 얹어 찐다.
2. 1을 절구에 넣고 찧은 후 꺼내어 아기 주먹만 하게 단단히 뭉친다.
3. 짚(가랑잎) 위에 가지런히 놓아 따뜻한 곳에서 띄운다. 옷이 하얗게 피면 꺼내어 바짝 말린다.
4. 3을 가루로 빻아 어레미에 친다.

즙장 만들기

1. 나물을 소금에 슴슴하게 절였다가 건져서 꾸덕꾸덕하게 말린다.
2. 준비한 즙장 메줏가루에 밀가루, 누룩, 소금을 넣고 섞는다.
3. 묽게 반죽한 즙에 1의 나물을 넣고 섞어서 항아리에 담고 두엄에 묻어 띄운다.

1 콩 삶기

2 콩 삶다가 기울 얹기

3 주먹만 하게 쥐어 짚 위에 놓고 띄우기

4 나물을 절였다가 살짝 말리기

왜장 涴醬

삶은 콩에 누룩과 소금을 넣어
담아 익힌 장

왜장 浣醬

콩 1말을 무르게 쑤어 가장 나른히 찧어 누룩 3되, 소금 3되 반을 섞어 다시금 찧어 알맞은 그릇에 단단히 다려 가장 더운 방에 두었다가 21일 후에 쓴다. 누그러하게 물을 타서 쪄 먹기도 좋다.

| 재료 및 분량 |

콩 1말
누룩가루 3되
소금 3되 반

참고사항

- 현재에 콩으로 메주를 만들려면 콩 1말은 8kg로 치며, 보통 5개의 메주가 만들어진다.
- 바싹 말린 메주는 5.5kg이다.

만드는 법

1. 콩을 무르게 삶아 절구에 곱게 찧는다.
2. 누룩가루와 소금을 넣고 더 찧는다.
3. 옹기그릇에 담아 단단히 누르고 뚜껑을 잘 덮어 더운 방에 둔다.
4. 21일이 지나면 꺼낸다.
5. 먹을 때는 뚝배기에 담아 물을 타서 눅게 하여 찐다.

1 콩 삶아 찧다가 누룩 넣기
2 소금 넣어 찧기
3 그릇에 담아 띄울 준비하기

급히 쓰는 장

易熟醬

겻불을 이용해서 빨리 익힌 장

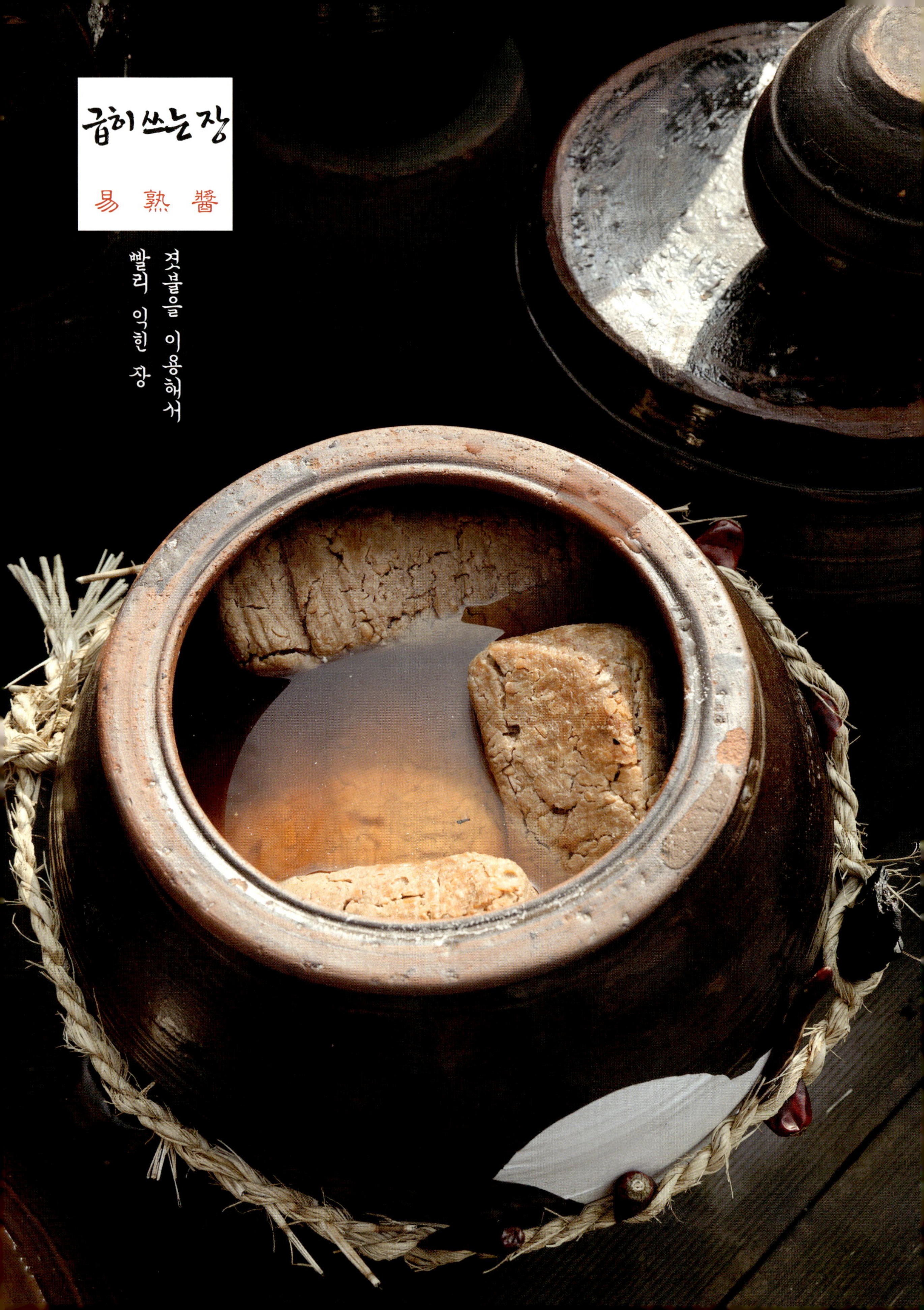

급히 쓰는 장 易熟醬

메주 2말에 물 1동이, 소금 5되를 섞어 넣어 둔다. 메주가 불어서 (소금)간이 들면 겻불을 피워 3~4일이면 가장 좋다. ○ 각지를 매우 고아 그 물로 담으면 배에 넣어도 훈감하고 빛이 묵은장 같으니 그저 장도 좋다.

| 재료 및 분량 |

메주 2말
물 1동이(36L)
소금 5되
콩깍지 4kg

참고사항

- 〈조선무쌍신식요리제법〉의 장 담가 속히 되는 법(旬日醬, 순일장)에는 '메주를 더운 물에 담가 2일 정도 지나면 독을 땅에 묻고 주변에 등겨나 보리짚을 채우고 불을 지펴 빙 돌아 불이 붙으면 물을 조금씩 때때로 뿌려 계속 타들어가게 하면 열흘 만에 장이 된다.' 고 하였다.
- 〈산가요록〉에 나타난 태각장(太殼醬)은 '콩잎이 가을에 연황색으로 변하면 따서 씻어 말려 삶아서 쓴다.' 라고 하였다.
- 콩잎이나 콩깍지를 삶으면 물이 미끈거린다.

만드는 법

1. 메주를 재빨리 말끔하게 씻어 말려 둔다.
2. 콩깍지를 씻어서 말린 후에 물을 붓고 다려 소쿠리에 거른다.
3. 항아리에 소쿠리를 얹고 소금을 담은 후 2의 물을 붓는다.
4. 3의 물에 메주를 넣고 메주가 불어나면 주변에 겻불을 피워 둔다. 3~4일이면 익는다.

1 콩깍지 삶기
2 콩깍지 삶은 물을 소쿠리에 거르기
3 소쿠리에 베보자기 깔고 콩깍지 삶은 물 붓기
4 소금물에 메주 넣기

육장

肉醬

메주가루에 말린 쇠고기가루를 섞어서
소금, 물을 넣고 담아 익힌 장

육장 肉醬

메줏가루 3말에 삶아서 말린 쇠고기를 찧어 5되, ㅁㅁ가루 3되를 한데 섞고 소금과 물은 보통 햇장을 담글 때처럼 하되 깨 5되를 볶아 찧어 밑에 넣는다.

| 재료 및 분량 |

메줏가루 30컵
쇠고기가루 5컵
참깨 5컵
소금 3컵
물 30컵

참고사항

- 원본에 판독하기 어려운 'ㅁㅁ가루 3되를~' 부분을 누룩가루로 추측해 보지만 확실치 않아 음식 재현 시 재료로 넣지 않았다.
- 〈조선무쌍신식요리제법〉의 육장은 메주가루를 쓰지 않고 간장과 소금, 천초, 회향, 진피와 술을 넣어 된죽같이 만들어 볕을 쪼여 숙성시키는 장이다.

만드는 법

1. 쇠고기를 삶아서 잘게 썰어 말려서 블렌더에 갈아 가루를 낸다.
2. 참깨를 볶아 가루를 낸다.
3. 메줏가루에 1을 섞고 소금물을 타서 버무린다.
4. 2를 항아리 밑에 깔고 위에 3을 눌러 담아 숙성시킨다.

1 메줏가루에 쇠고기가루 넣기
2 소금물 부으며 버무리기
3 항아리에 깨 볶은 것 넣기
4 버무린 것 항아리에 넣기

밀초

小麥醋

밀과 누룩으로 담근 술에 차조밥을 넣어서 발효시킨 식초

밀초小麥醋

밀 1말을 3~4일 담갔다가 삶아 찧는다. 묵은 누룩 2되와 섞어 술을 빚어 익으면 걸러서 항아리에 넣고 동쪽으로 뻗은 복숭아 가지로 가라앉지 못하게 자주 저어 준다. 3일 만에 차조밥 3주걱을 더울 때 넣고 자주 저어 21일 만에 쓴다. 이 초는 이후에도 그릇되지 않는다. 차조밥을 1주걱씩 10일마다 3번으로 나누어 넣으면 된다.

| 재료 및 분량 |

밀 3kg
묵은 누룩가루 4컵(400g)
끓인 물 4L
차조밥 3컵

참고사항

〈조선무쌍신식요리제법〉의 밀초는 버무릴 때 물은 밀 삶은 물을 쓰도록 했으며 절대로 군물이 들어가지 않도록 당부했다. 복숭아 가지로 휘저은 후 푸른 헝겊으로 항아리를 싸고 쑥을 엮어서 덮어 해 돋는 곳에 놓으면 14일 만에 먹는다. 또, 오래 두고 먹는 쉬운 법은 좋은 술을 부어 두고 쓰며, 만일 맛이 변하면 골마지를 걷어 내고 반대기누룩을 불에 타도록 구워 독 속에 박도록 했다.

만드는 법

1. 밀을 씻어 물을 부어 3~4일을 그대로 담가 불린다.
2. 1을 건져서 물을 넉넉히 부어 푹 삶아 내어 절구에 찧는다.
3. 누룩을 빻아서 2에 물을 넣고 술 빚듯이 항아리에 넣고 봉해서 더운 곳에 둔다.
4. 술이 익으면 걸러서 촛단지에 넣고 동쪽으로 뻗은 복숭아 가지로 자주 저어 준다.
5. 3일 만에 차조밥을 지어 뜨거운 채로 넣고 자주 저어 주며, 21일 만에 쓴다. 또는 차조밥을 3번으로 나누어 넣는다.

1 밀 불리기
2 삶은 밀 찧기
3 누룩 섞기
4 촛단지에 부어 발효시키기

보리초

麰醋

보리밥에 누룩을 섞어
술을 부어 발효시킨 식초

보리초 麰醋

보리쌀을 깨끗이 씻어 밥을 지어 더운 김에 누룩을 알맞게 섞어 솥 가까이 옮겨 놓고 술을 부어 더운 데 두었다가 쓴다. 쉰 술로 하면 더 좋다.

| 재료 및 분량 |

보리쌀 1.5kg
누룩가루 5컵
청주 6L

만드는 법

1. 보리쌀을 깨끗이 씻어 하룻밤을 불려서 건진 후 보리밥을 찐다.
2. 보리밥이 뜨거울 때 누룩가루를 섞는다.
3. 청주를 부어 휘저은 후 촛단지에 넣어 더운 곳에 둔다.

참고사항

- 〈조선무쌍신식요리제법〉에 기록된 보리초는 밥을 사람 체온과 비슷한 온도로 하라 했으며, 곰팡이가 생기지 않게 엄나무로 휘섯노록 하였다. 6~7일이 되면 좁쌀밥을 넣도록 했고 14일이나 21일이면 먹을 수 있다고 하였다. 또, 청주를 넣지 않고 하는 법으로 보리밥을 덮어 두어 누렇게 띄운 후 볕에 말려 다시 보리밥을 섞어 담는 법을 소개하였다. 보리쌀의 일부는 누렇게 볶아 하룻밤 물에 불려 밥을 지어 밀가루를 넣어 섞고 자리에 널어 누런 옷이 입도록 띄우며, 일부는 마찬가지로 볶아 밥을 지어서 띄운 보리밥과 같이 물을 붓고 담는 법을 소개하였다.
- 〈산가요록〉의 보리초는 보리술 만든 것에 겉보리를 누렇게 볶아 뜨거울 때 섞어 양지에 두어 맑아지면 먹는 방법을 소개하였다.

1 불린 보리쌀 찌기
2 뜨거울 때 누룩 섞기
3 청주 붓기

차조초
粘粟醋

차조밥에 누룩과 물을 섞어 더운 곳에서 발효시킨 식초

차조초 粘粟醋

차조쌀을 많든 적든 간에 밥을 지어 잠깐 한 김이 나면 물 3말에 누룩가루를 조금 섞어 단단히 넣어 더운 곳에 두었다가 시거든 쓰고, 술을 부어가며 (계속) 쓴다.

| 재료 및 분량 |

차조 1.5kg
물 4L
누룩가루 1컵
소금 1/2컵

만드는 법

1. 차조를 씻어 일어 물기를 뺀 후 찜통에 젖은 보를 깔고 찐다.
2. 1의 찐 조밥을 그릇에 쏟아 헤쳐 한김 식힌다.
3. 누룩가루, 소금과 물을 넣어 버무려서 촛단지에 넣어 더운 곳에 둔다.
4. 2~3주 만에 신맛이 나면 사용하고, 시간이 지나서 시어지면 술을 부어 가며 쓴다.

1 차조밥에 물 넣기
2 누룩가루 넣어 버무리기
3 촛단지에 붓기

조청 造清

곡물에 엿기름 물을 넣어 삭혀서 오랜 시간 졸인 당류

조청 造淸

찹쌀 1말을 가루 내고, 물 12사발을 끓여서 찹쌀가루를 한 솥에 넣고 잘 개어서 동이에 퍼붓는다. 보리기름(엿기름) 2되를 뭉그려 가루 내어 찬물 3사발에 풀어 동이에 붓는다. 많이 섞는다. 김이 나가지 않게 덮어 두고 자주 보아 묽어지면 추대에 넣어 걸러서 달인다.

| 재료 및 분량 |

찹쌀 4kg
끓인 물 6kg
엿기름가루 450g(5컵)
냉수 1.4kg

만드는 법

1. 찹쌀을 불려 가루로 빻아 끓인 물로 갠다.
2. 찬물로 푼 엿기름가루를 1에 넣어 풀어 준다.
3. 2를 60℃~65℃에서 6시간 동안 삭혀 묽게 만든다.
4. 삭힌 물을 면포에 넣어 잘 짜고 찌꺼기는 버린다.
5. 받친 물을 센 불에서 4시간 정도 끓인다. 이때 생기는 거품은 걷어내고 가끔 저으면서 반 정도가 될 때까지 달인다.
6. 불을 약하게 하여 누르스름한 빛이 날 때까지 4시간 정도 더 솥이면 약 4kg의 조청이 나오게 된다.

1 엿기름
2 물에 푼 엿기름 가루
3 찹쌀가루 갠 물에 엿기름 물 넣기
4 삭힌 물 거르기
5 면포에 짜기
6 끓이기

녹말
綠末

녹두를 물에 불려 갈아서 수침한 후
웃물을 버리고 앙금을 말린 가루

녹말 만들기

가루 만들기는 덥지도 춥지도 않은 때에 녹두를 거피하여 비지 없이 갈아 무리 안치듯이 하여 가라앉으면 웃물을 따라내고 모시주머니에 넣어 달아맨다. 주머니에서 물이 빠지고 덩어리 굳거든 내어 칼로 얇게 깎아 유지(油紙)에 널어 볕에 말려 두고 쓴다.

| 재료 및 분량 |

녹두 800g

참고사항

녹두 800g으로 가루를 내면 전분이 약 200g이 나온다.

만드는 법

1. 녹두를 물에 불려 껍질을 벗긴다.
2. 블렌더에 갈아 모시나 베주머니에 넣고 물을 부어 가며 주물러 전분을 빼낸다.
3. 앙금이 가라앉으면 웃물을 따라낸다.
4. 아래에 남은 재료를 유지(油紙)에 널어 볕에 말려 두고 사용한다.

1 녹두 진분 빼기
2 웃물 따르기
3 전분 말리기
4 말린 녹두 전분

福

주방문
원문과 번역본

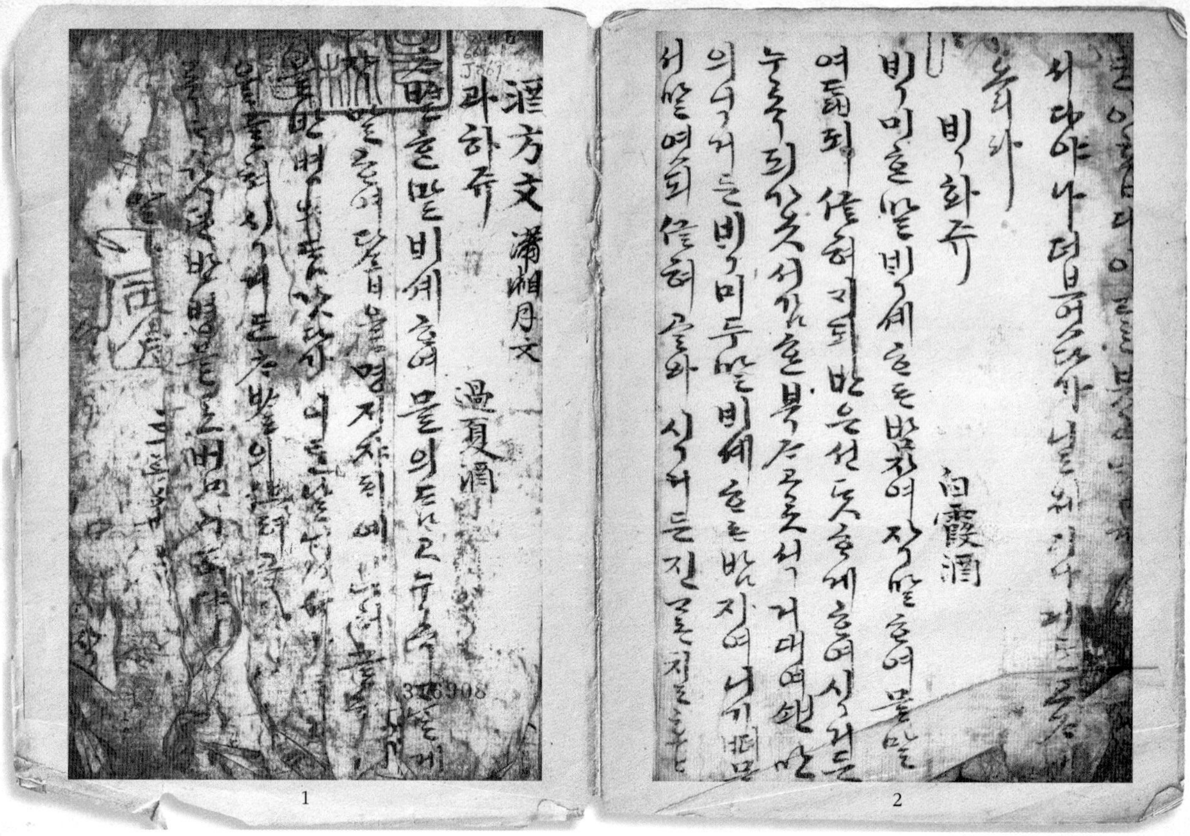

1 2

❶ 과하주 過夏酒

찹쌀 1말을 깨끗이 씻어 물에 담가 둔다. 누룩 5홉을 곱게 가루 내어 명주자루에 넣고 끓는 물 반병에 담가 둔다. 이튿날 냉수를 끓여 식혀서 찹쌀에 뿌려 찐 후 누룩을 담가 두었던 물로 버무려 4~5일 지나거든 소주 9대야를 붓는다. 맵게 하려거든[1)] 소주 3대야를 더 부었다가 7일이 지나거든 꺼낸다.

❷ 백하주 白霞酒

백미 1말을 깨끗이 씻어 하룻밤을 재워 가루를 낸다. 물 1말 8되를 끓여서 개는데 반은 선듯하게[2)] 하여 식으면 누룩 1되 반, 서김[3)] 1복자[4)]를 고루 섞어 둔다. 5~6일 만에 익으면 백미 2말을 깨끗이 씻어 하룻밤 재워 두었다가 (고두밥으로) 익게 찐다. 물 3말 6되를 끓여 고루 식혀서 (고두밥에 넣고) 밀가루 7홉을 넣어 몹시 쳐[5)] 빚어 익으면 쓴다.

쌀 1말에 물 1말 8되가 든다. 서김이 없으면 덧술할 때 누룩 7홉을 더 넣는다. 서김을 바로 넣으면 5~6일 만에 익는다.

❸ 삼해주 三亥酒

정월 첫 돼지날 백미 2말을 깨끗이 씻어 가루 내어 끓인 물 3말을 (반죽하여) 차게 식으면 누룩 5홉을 섞어 넣어 둔다.

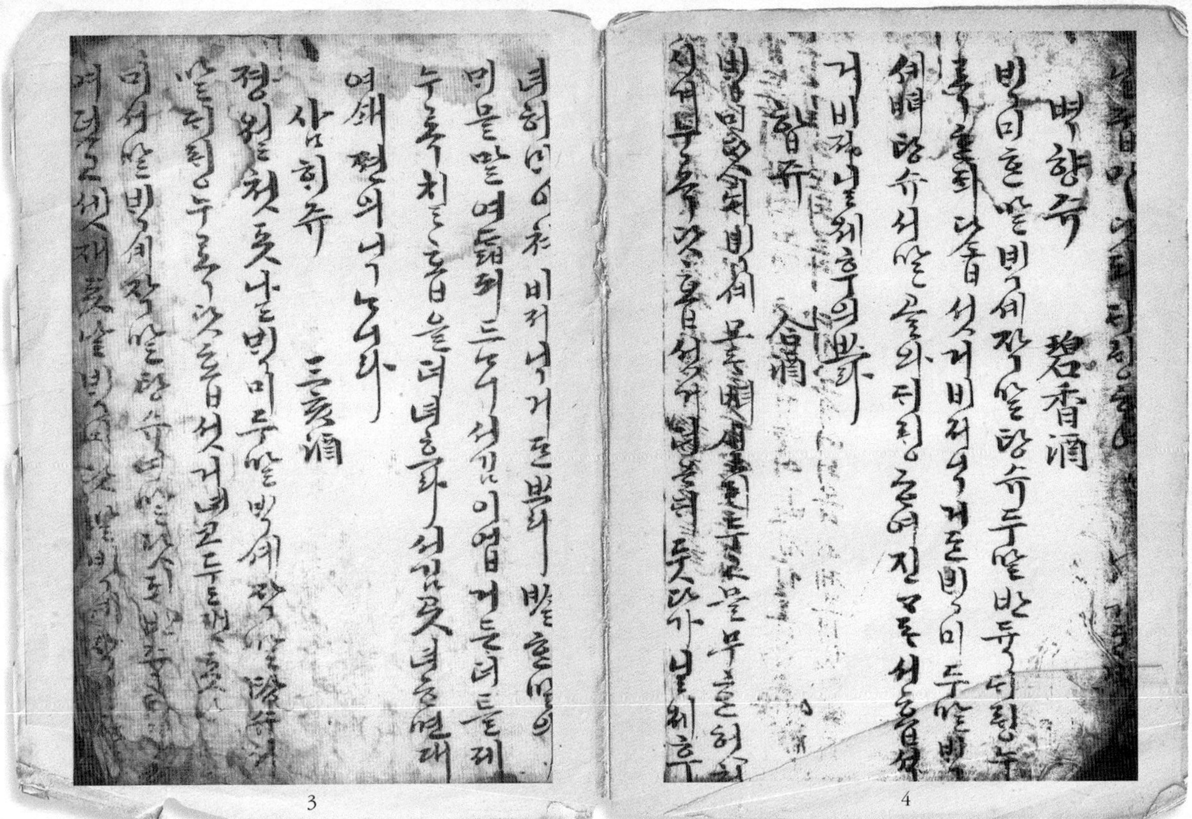

둘째 돼지날 백미 3말을 깨끗이 씻어 가루 내어 끓인 물 4말 5되를 반죽하여 차게 식으면 넣는다.
셋째 돼지날 백미 5말을 깨끗이 씻어 가루 내어 끓인 물 7말 5되를 (반죽하여) 차게 식으면 빚어 익거든 쓴다.

④ 벽향주 碧香酒

백미 1말을 깨끗이 씻어 가루 내어 끓인 물 2말로 반죽하여 차게 식힌 후 누룩 1되 5홉을 섞어 빚어 익힌다. 백미 2말을 깨끗이 씻어 쪄서 탕수 3말을 고루 섞어 잘 식혀서 밀가루 3홉을 섞고 빚어 (앞에서 빚어 놓은 술에 섞은 후) 7일 후에 쓴다.

⑤ 합주 合酒

백미 5되를 깨끗이 씻어 모두 찐 후 시루째 두고 위에서 물을 많이 뿌리면서 헤쳐서 식혀 누룩 5홉을 섞어 더운 데 두었다가 7일 후에 물을 놓아 걸러 베에 밤쳐쓴다.
비록 탁주이나 훈감하여[6] 보통 술과 다르다. 백미 1되에 누룩이 1홉씩 든다.

1) 맵게 하려거든 : 술을 독하게 하려거든
2) 선듯하게 : 설익은 듯하게
3) 서김 : 이미 담가 놓은 술로, 밑술과는 다른 의미로 해석됨
4) 1복자 = 500mL
5) 몹시 처 : 매우 골고루 섞어
6) 훈감하여 : 맛과 냄새가 진하고 좋아

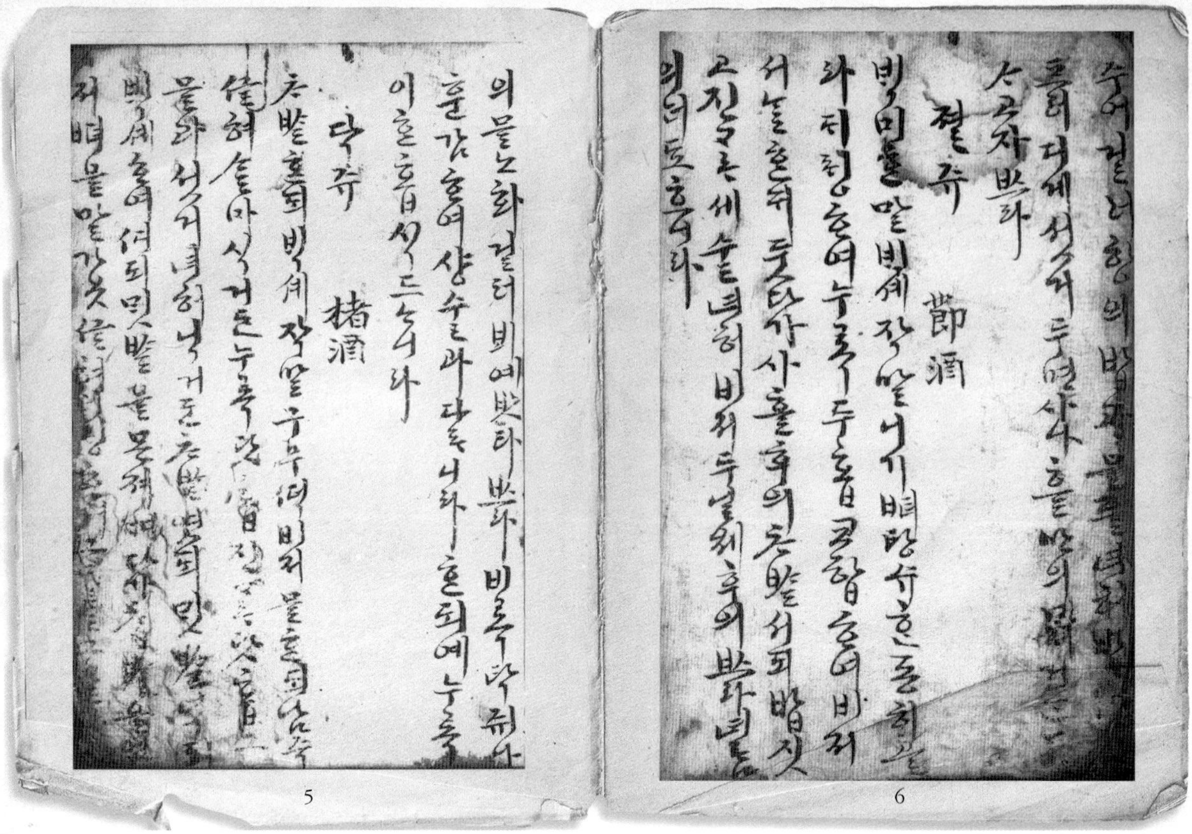

6 닥주 楮酒

찹쌀 1되를 깨끗이 씻어 가루를 낸다. 구멍떡을 빚어 1되 남짓[7] 끓여 삶아 식히고, 누룩 5홉과 밀가루 5홉을 물과 섞어 넣어 익힌다. 찹쌀 6되와 멥쌀 4되를 깨끗이 씻어 찌되, 멥쌀을 먼저 찌다가 찹쌀을 얹어 쪄 물 1말 반을 끓여 잘 식힌다. 밑술에 그 물(밥 짓는 데 쓴 물)을 주어 걸러 항아리에 밥과 물을 넣어 빚어 풀어지게 섞어 두면 3~4일 만에 맑아지거든 고자[8] 쓰라.

7 절주 節酒

백미 1말을 깨끗이 씻어 가루를 내어 익게 찐다. 찐 떡에 끓인 물 1동이를 잘 식혀 골고루 누룩 2홉과 합하여 빚어 서늘한 데 둔다. 3일 후에 찹쌀 3되로 고두밥을 찌고 밀가루 3술을 넣어 빚어 14일 후에 쓰라. 여름이 더 좋다.

8 자주 煮酒

좋은 청주 5대야에 후춧가루 3돈, 황밀 3돈을 얇게 저며 넣고 병 주둥이를 막아 중탕하여 달여 황밀이 다 녹으면 내어 쓴다. 여름에 더 좋다. 후춧가루의 양이 적어도 괜찮다.

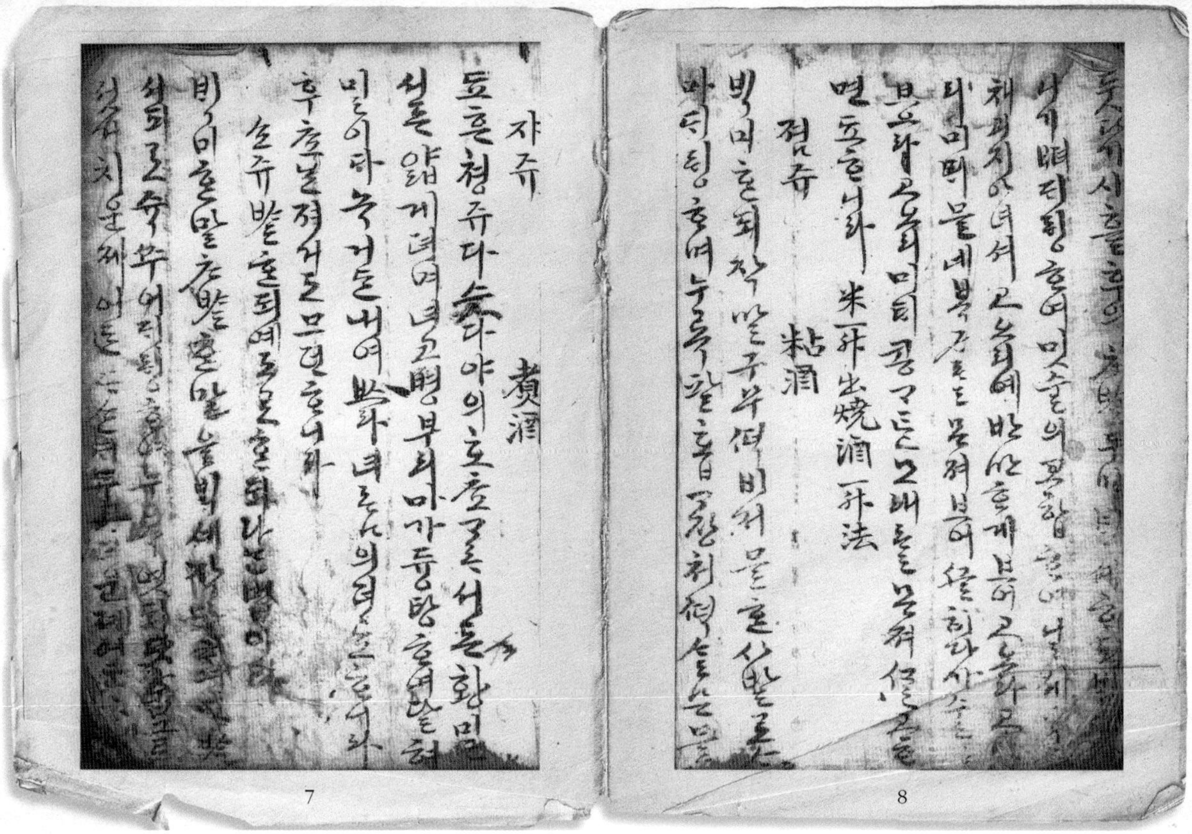

9 소주 燒酒 : 쌀 1되로 소주 1되 나는 법(米一升出燒酒一升法)

백미 1말과 찹쌀 1말을 깨끗이 씻어 가루 내어 멥쌀 3되로 죽을 쑤어 식힌다. 누룩 6되 5홉을 섞어 추운 때는 따뜻한 데 두고 더운 때는 찬 데 둔다. 3일 후에 찹쌀 2말을 깨끗이 씻어 하룻밤을 재워 고두밥을 쪄서 식힌다. 이것을 밑술에 섞어 7일 후 채 괴지 않은 것을 소주고리에 반 정도 차도록 부어 곤다. 소주고리 밑에 물 4복자를 먼저 부어 끓이다가 술을 붓는다.

소주고리 밑에 콩 같이 굵은 모래를 먼저 깔고 하면 좋다.

10 점주 粘酒

백미 1되를 가루 내어 구멍떡으로 빚어 물 1사발로 삶아 식혀서 누룩 8홉 정도를 넣고, 떡 삶은 물도 붓는다. 4일 후에 찹쌀 1말과 물 5되를 뿌려 가면서 익게 쪄서 식은 후 넣는다.

■ 또 다른 방법은 찹쌀 1되를 밥을 지어 누룩 1되로 밑술을 빚는다. 5~6일 만에 술이 괴거든 찹쌀 1말로 밥을 찌되 물 3사발로 2사발은 고두밥을 찔 때 골고루 뿌리고 1사발은 그릇을 씻어 빚는다. (술항아리를 차게 하기 위해 이용하는) 물은 자주 갈아 주어 다시 채워서 7일 후에 쓴다. 매운 점주는 밥을 쪄 여러 번 씻고 다시는 씻지 말고 물 □□□□□□□

7) 남짓 : 어느 정도 한도의 차고 조금 남는 정도　　8) 고자 : 고자누룩하다 = 조금 가라앉다

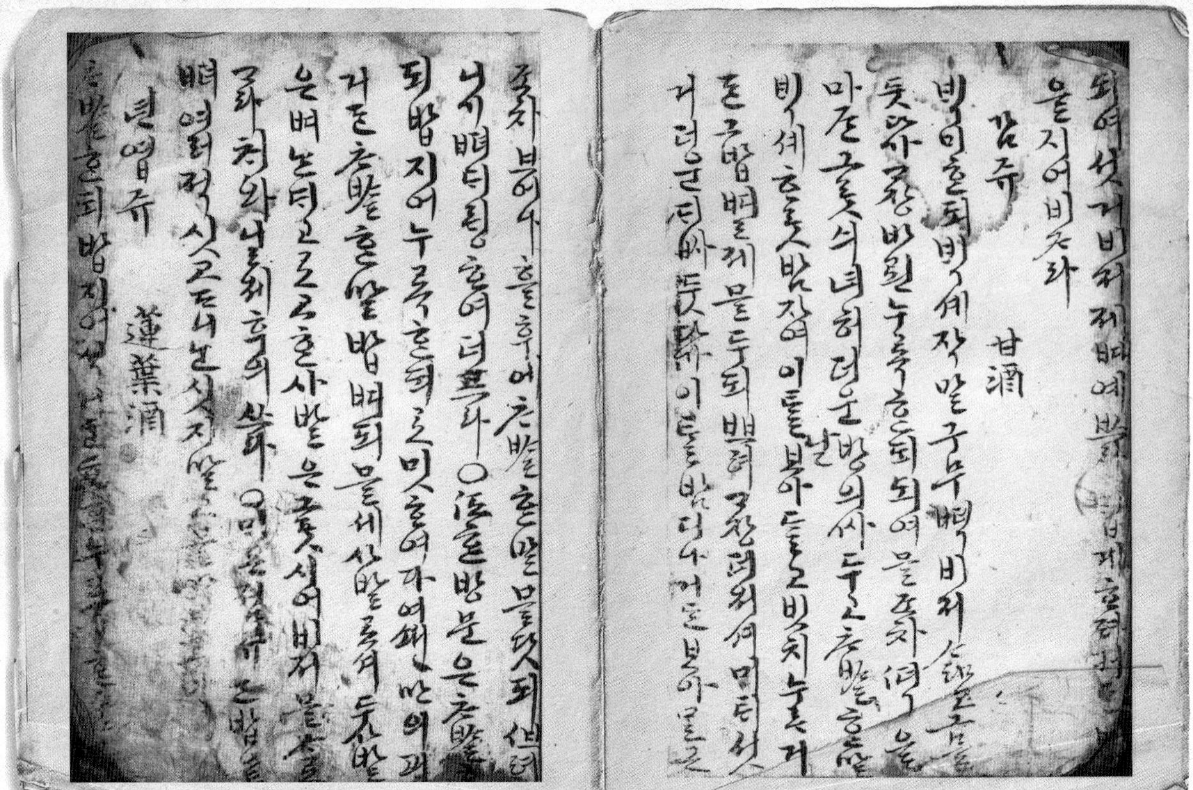

9 10

11 연엽주[9] 蓮葉酒

찹쌀 1되로 밥을 지어 식으면 좋은 누룩 1줌 정도 섞어 빚어 제때에 쓴다.

맵게 하려면 밥을 지어 (덧술하여) 빚는다.

12 감주 甘酒

백미 1되를 깨끗이 씻어 가루 내어 구멍떡을 빚어 삶는다. 구멍떡과 삶은 물을 모두 두었다가 가장 바랜[10] 누룩 1되를 되어 물에 따라 맞는 그릇에 떡을 넣고 더운 방에 싸 둔다. 찹쌀 1말을 깨끗이 씻어 하룻밤을 재워 둔다. 이튿날 열어 보아 밑술이 달고 빛이 누렇게 되었으면 그 밥을 찔 때 물 2되를 뿌려 가장 따뜻할 때 밑술에 섞어 더운 데 싸 둔다. 이틀 밤이 지나서 열어 보아 맑은 술이 생기고 맛이 가장 달거든 찬 데 두고 쓴다. 일이 연하여도 일로 알 맞추어 조치하면 좋다.[11]

■ 또 다른 방법은 백미 1되를 깨끗이 씻어 가루 내어 익게 쪄서 끓인 물 1사발과 섞어서 식혀 밀기름[12] 가루 2숟가락을 섞어 따뜻한 방에 싸 두었다가 하룻밤이 지나면 쓴다. 누룩 반 술을 넣으면 더 좋다.

9) 연엽주 : 이름은 연엽주이나 연잎이 재료로 쓰이지 않은 것이 이상하다.

10) 바랜 : 잘 띄워진

11) 일이 연하여도 일로 알 맞추어 조치하면 좋다 : 일이 계속해서 많아도 잘 갖추어 술을 담그면 술맛이 좋다.

12) 밀기름 : 밀엿기름

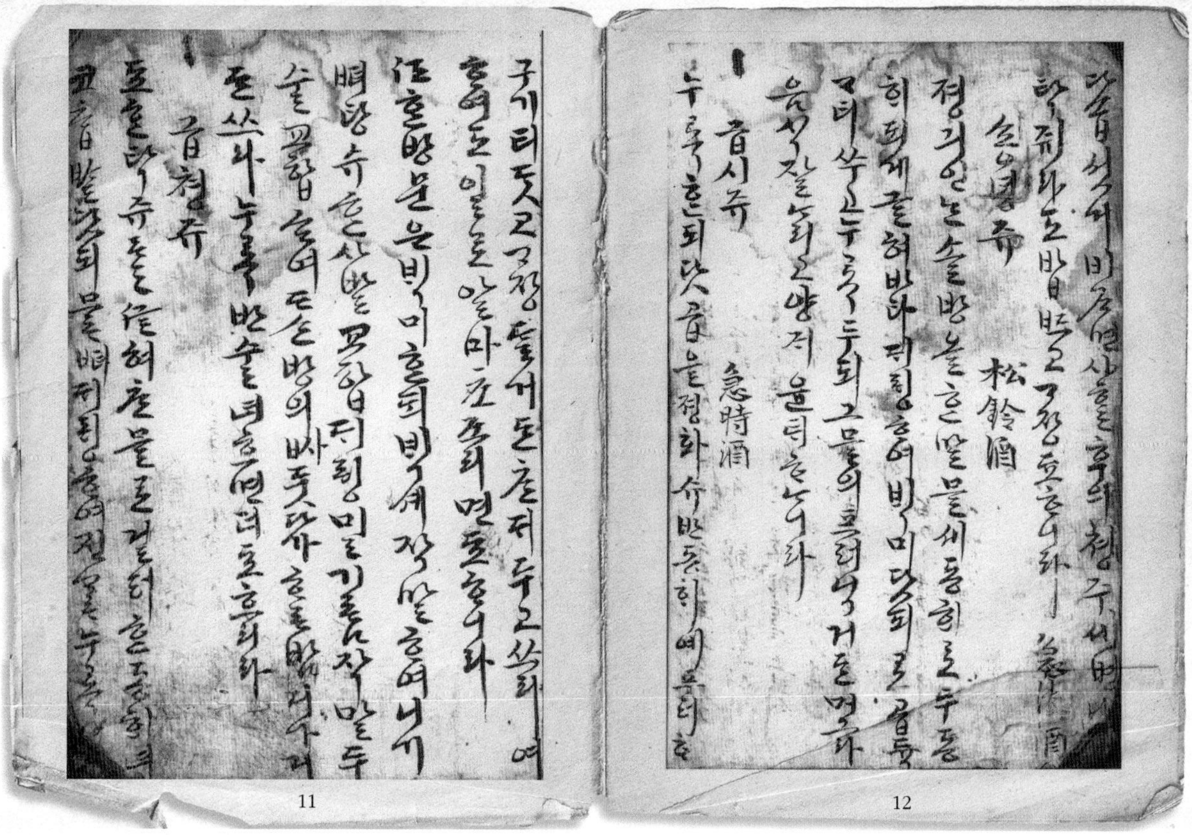

⓭ 급청주 急清酒

좋은 탁주를 끓여 찬물로 걸러 1동이를 넣고 찹쌀 5되를 무르게 쪄서 식혀 밀가루와 누룩 5홉을 섞어 빚으면 3일 후에 청주가 3병이 생기고, 탁주라도 밥알이 뜨고 아주 좋다.

⓮ 송령주[13] 松鈴酒

정기 있는 솔방울 1말에 물 3동이를 넣고, 2동이가 되도록 끓여 밭쳐서 식힌 후 백미 5되로 곤죽같이 쑤고 누룩 2되를 그 물에 풀어 익으면 먹는다.
(먹은) 음식이 잘 내려가게 하고 모양이 윤택하다.

⓯ 급시주 急時酒

누룩 1되 5홉을 정화수 반동이에 버무려 하룻밤 재웠다가 백미 1말을 깨끗이 씻어 가루 내어 쪄서 더운 김이 잠깐 식으면 그 물에 합하여 빚어 3일 후에 쓴다.

13) 송령주 : 솔방울 술

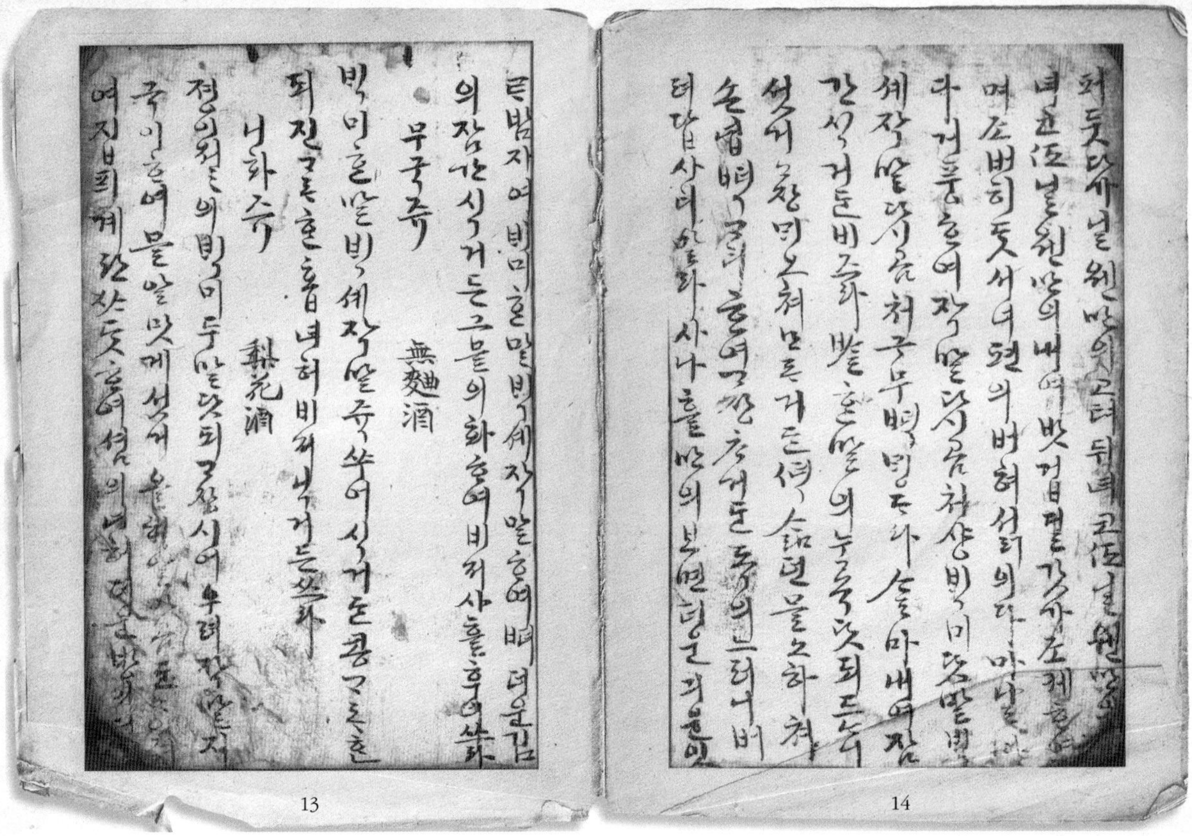

16 무국주 無麯酒

백미 1말을 깨끗이 씻어 가루 내어 죽을 쑤어 식으면 콩가루 1되와 밀가루 1홉을 넣어 빚어 익으면 쓴다.

17 이화주 梨花酒

■ 쌀가루 누룩 빚는 법 : 정이월에 백미 2말 5되를 잘 씻어 우려 곱게 가루를 낸다. 여기에 물을 알맞게 섞어 오리알만 하게 단단히 쥐어 짚에 달걀을 싸듯하여 가마니에 넣어 더운 방에 덮어 둔다. 7일 만에 고쳐 뒤집어 넣고 또 7일 만에 뒤집어 넣고 또 7일 만에 꺼낸다. 겉껍질을 깎아 깨끗하게 하여 메주 썰 듯이 3~4편으로 잘라서 가마니에 담는데 날마다 바람을 쏘인다. 그것을 가루 내어 다시 체에 친다.[14]

좋은 쌀(上白米) 5말을 깨끗이 씻어 가루 내어 다시금 쳐서 구멍떡을 만들어 삶아 내어 잠시 식으면 빚는다. 쌀 1말이면 누룩 5되의 비율로 섞어 충분히 매우 쳐서 만드는데 떡 삶던 물을 넣어 쳐서 손바닥 같이 넓적하게 한다. 이것을 완전히 차게 식혀서 독에 넓게 벌여 넣는데 꼭꼭 쌓지는 않는다. 3~4일 만에 보아서 더운 기운이 있으면 꺼내어 식혀서 다시 넣어 가장 서늘한 데 두었다가 5월 10일 후에 쓴다. 무르면 좋지 않다. 누룩을 만들 때 물이 많으면 푸른 기가 나고, 적으면 더슥더슥하니[15] 알맞게 한다.

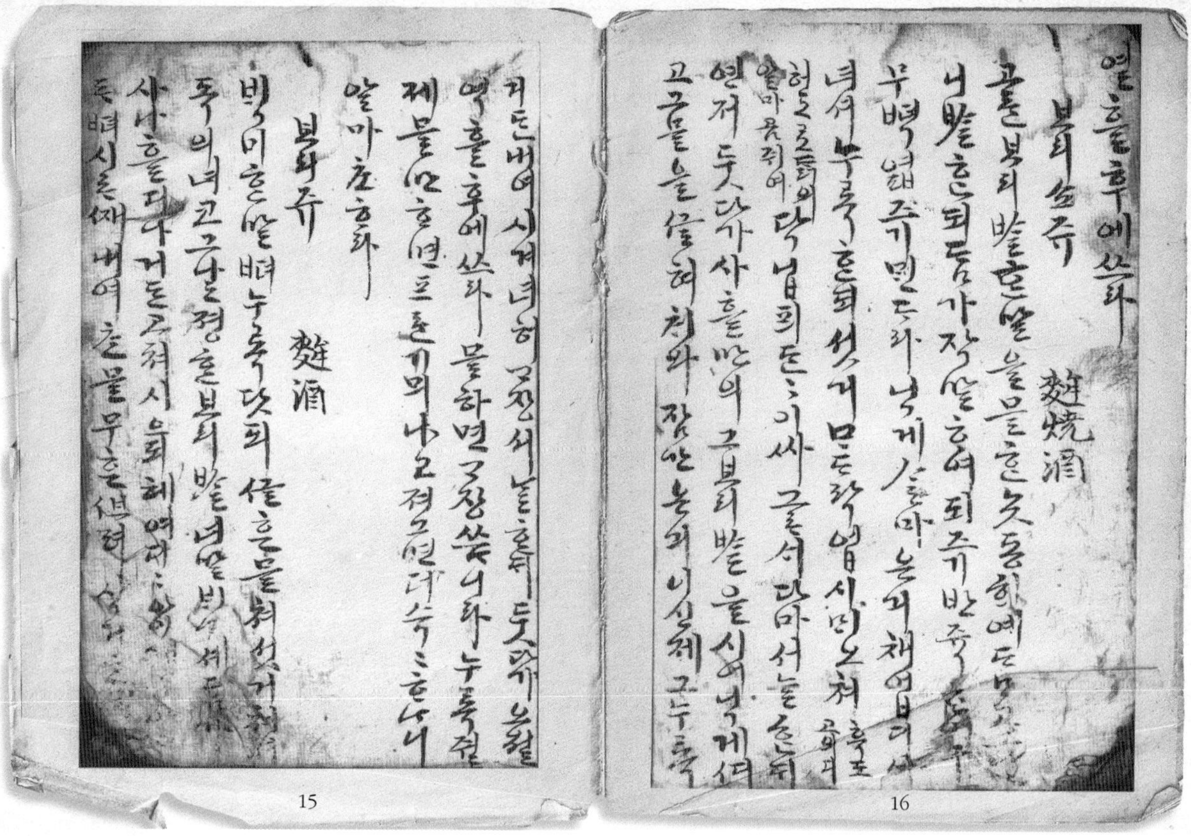

18 보리주 麰酒

백미 1말을 찌고 누룩 5되와 끓인 물을 쳐서 섞은 후 독에 넣는다. 그 날 깨끗하고 좋은 보리쌀 4말을 깨끗이 씻어 담근다. 3~4일이 지나면 다시 씻어 보리쌀알이 헤어지지 않도록 쪄서 시루째 내어 찬물을 많이 뿌려 식으면 (독에 합하여 빚어) 10일 후에 쓴다.

19 보리소주 麰燒酒

고른 보리쌀 1말을 물 1놋동이에 담고, 니쌀[16)] 1되를 담가 가루 내어 되게 반죽한다. 이 반죽으로 구멍떡을 얇게 만들어 익게 삶아 온그릇째 엎어 넣는다. 여기에 누룩 1되를 섞어 덩어리가 없이 매우 쳐 (혹은 달구질로 찧어 다시 달걀만큼 쥐어) 닥잎에 단단히 싸서 그릇에 담아 서늘한 데 엎어 둔다. 3일 만에 그 보리쌀을 씻어 익게 찌고 그 물을 끓여 채워 잠깐 온기 있을 때 그 누룩을 덩어리 없이 풀어 밥과 함께 빚어 5일 만에 고면 내내 향기가 나고 좋다. 누룩이 많을수록 더 좋다. 물을 1사발이나 더 하여도 좋다. 묵은 누룩은 1되 한다.

14) 이화주의 특징은 누룩을 쌀로 빚는 것이다.

15) 더슥더슥하니 : '퍼석퍼석하니'와 비슷한 말로, 말라서 부숭부숭한 상태

16) 니쌀 : 백미

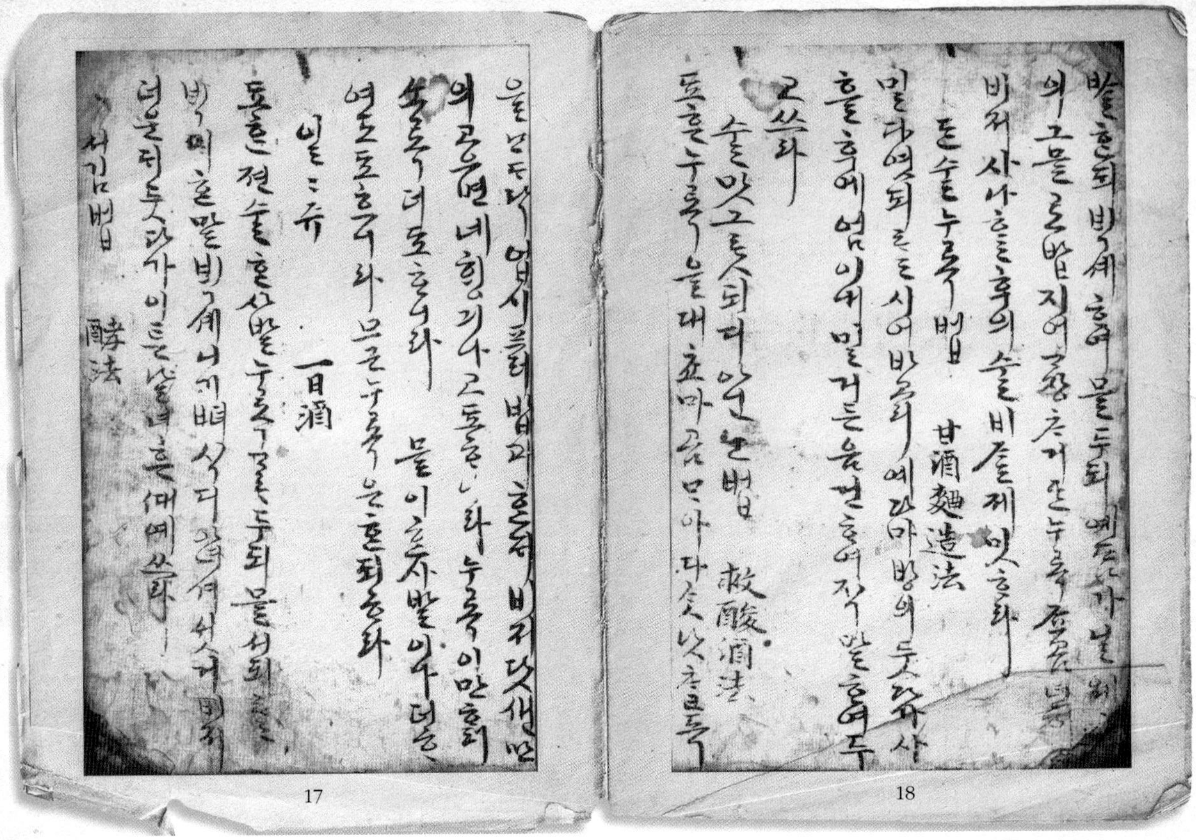

20 일일주 一日酒

좋은 전술(밑술) 1사발에 누룩가루 2되, 물 3되, 백미 1말을 깨끗이 씻어 익게 쪄 식지 않게 섞어 빚어 더운 데 두었다가 이튿날 넣은 시간에 쓴다.

21 서김법 酵法

쌀 1되 깨끗이 씻어 물 2되에 담갔다가 7일 후에 그 물로 밥을 지어 가장(완전히) 식거든 누룩을 조금 넣어 빚어 3~4일 후에 술 빚을 때 밑술로 한다.

22 단술누룩법 甘酒麯造法

밀 5~6되를 씻어 바구니에 담아 방에 두었다가 3일 후에 싹이 나면 그늘에 말렸다가 가루 내어 두고 쓴다.

23 술맛 그릇되지 아니하는 법 救酸酒法

좋은 누룩을 대추만 하게 만들어 5알을 독 밑에 넣는다.

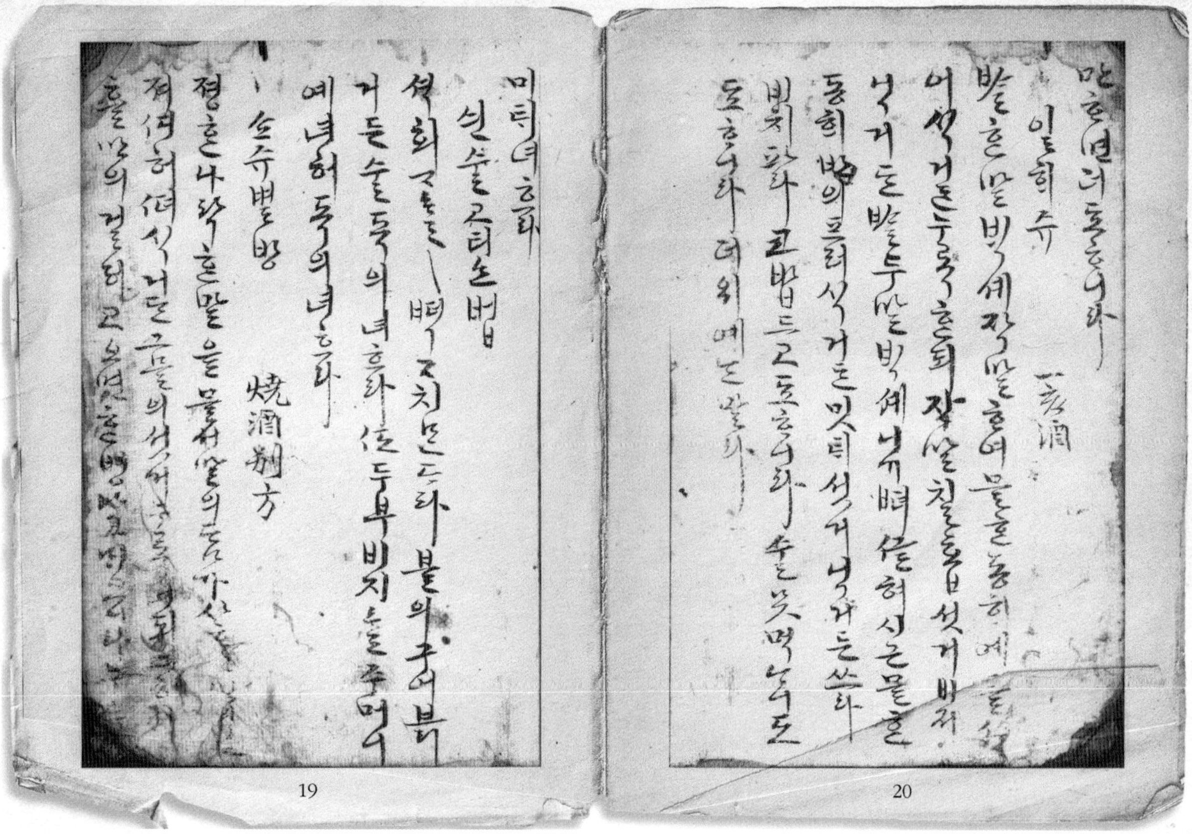

㉔쉰술 고치는 법

석회가루를 떡같이 만들어 불에 구워 빨갛게 달아오르면 술독에 넣는다. 또, 비지를 주머니에 넣어 술독에 넣는다.

㉕소주별방 燒酒別方

깨끗하고 좋은 벼 1말을 물 3말에 담가 3일 만에 건져서 찧은 후 찐다. 찐 벼가 식으면 그 물에 섞어 누룩 4되를 넣어 3일 만에 걸러 고면 1병이 나오고 술맛이 강하고 독하다. □□□□□ 하면 더 좋다.[17]

㉖일해주 一亥酒

백미 1말을 깨끗이 씻어 가루 내어 물 1동이를 넣어 풀을 쑤어 식으면 누룩 1되를 가루 내어 누룩 7홉을 섞어 빚어 익으면, 백미 2말을 깨끗이 씻어 익게 찌고, 끓여서 식은 물 1동이 반에 풀어 식으면 밑술에 섞어 익으면 쓴다.

(술)빛이 푸르고 밥알이 뜨고 좋다. 술을 못 먹는 이에게도 좋다. 더위에는 빚지 않는다.

17) □□□□□하면 더 좋다 : 누룩이 많으면 더 좋다.

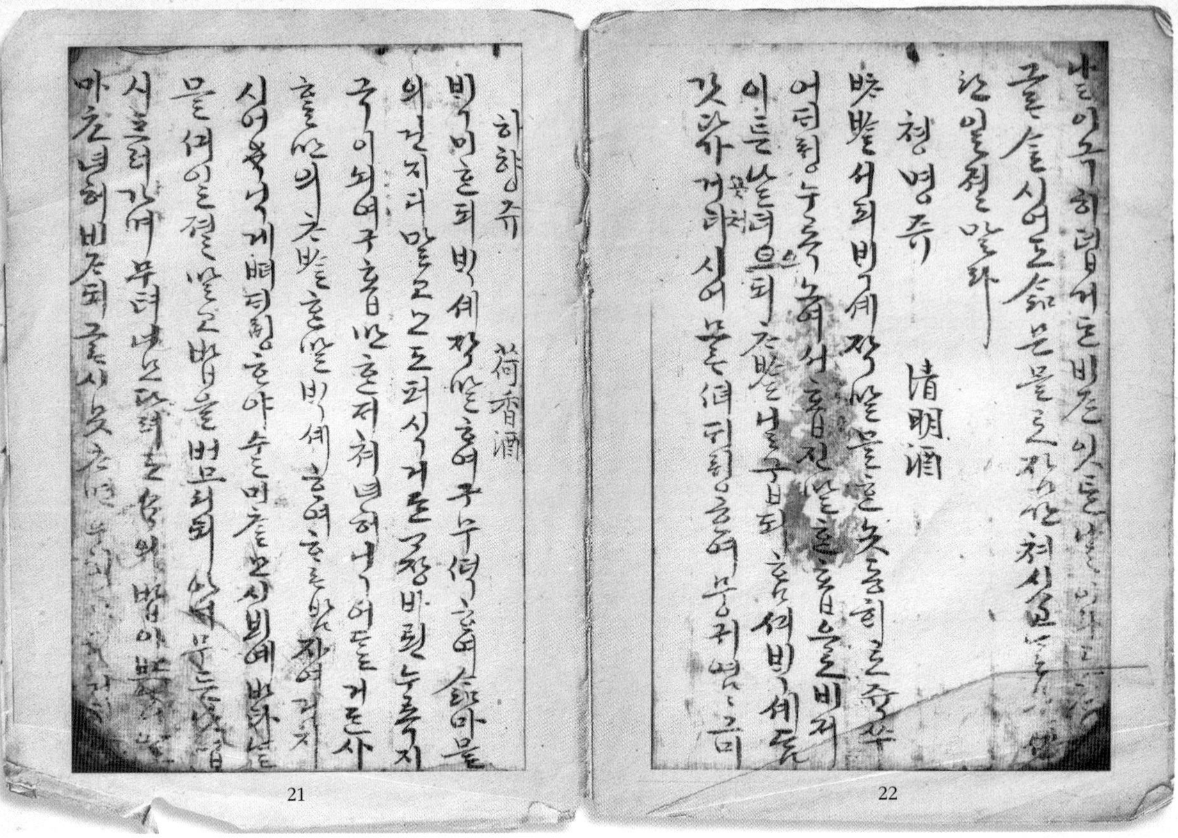

㉗ 하향주 荷香酒

백미 1되를 깨끗이 씻어 가루 내어 구멍떡을 만들어 삶아 물에서 (즉시) 건지지 말고 놓아 두었다가 퍼서 식힌다. (여기에) 잘 바랜 누룩을 아주 곱게 하여 9홉만 함께 쳐 넣는다. 술이 익어 달거든 3일 만에 찹쌀 1말을 깨끗이 씻어 하룻밤 재워 건져 씻어 익게 쪄서 식기를 기다린다. 밑술을 모시베에 밭쳐 날물기가 일절없이 밥을 버무리되 밥알갱이를 골고루 풀어 가며 묻힌다. 너무 달여도 속의 밥이 뜨나니 알맞게 넣어 빚되 그릇이 못 차면 위에 □□□□□ 날이 매우 더우면 탈이 난다. 빚은 이튿날이라도 □□ 그릇을 씻되 삶은 물로 잠깐 쳐 씻고 날물기를 일절 없게 한다.

㉘ 청명주 淸明酒

찹쌀 3되를 깨끗이 씻어 가루 내어 물 1놋동이로 죽을 쑤어 식힌다. 여기에 누룩 3홉, 밀가루 1홉으로 빚어 이튿날 더 넣되, 찹쌀 7되를 함께 깨끗이 씻어 담갔다가 고쳐 씻어 물로 쪄 식힌다. 뭉귀염 뭉귀염[18] 그 밑에 넣어 찬 데 두면 7일 후에 위에 꼈던 껍질이 벗겨지고 말개지면 쓴다.

밥알이 뜨고 기특하다.

18) 뭉귀염 뭉귀염 : 모양이나 형태가 변하도록 마구 문질러 짓이겨

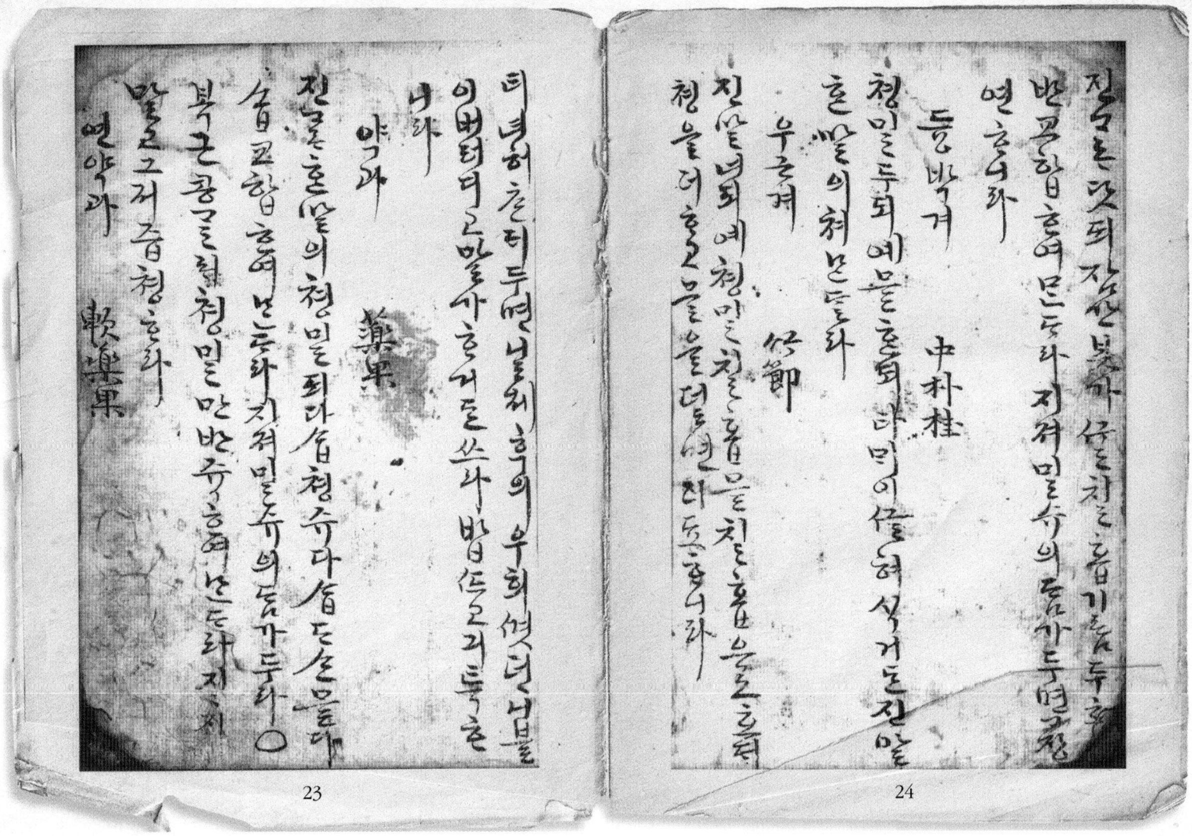

29 약과 藥果

밀가루 1말에 꿀(淸蜜) 5홉, 청주 5홉, 따뜻한 물 5홉을 교합하여 지져서 즙청꿀(蜜水)에 담가 둔다.

■ 콩연약과 : 볶은 콩을 갈아서 꿀로만 반죽을 만든다. 지지지 말고 그냥 즙청만 한다.

30 연약과 軟藥果

밀가루 5되를 잠깐 볶아 꿀 7홉과 기름 2홉 반을 함께 섞어서 만들어 지진 후 밀수(蜜水)에 담가 두면 가장 연하다.

31 즁박계 中朴桂

꿀(淸蜜) 2되를 물 1되에 타서 매우 끓여 식으면 밀가루 1말에 쳐 만든다.

32 우근겨 竹節

밀가루 4되에 꿀 7홉과 물 7홉을 넣되, 꿀을 더하고 물을 더하면 더 좋다.

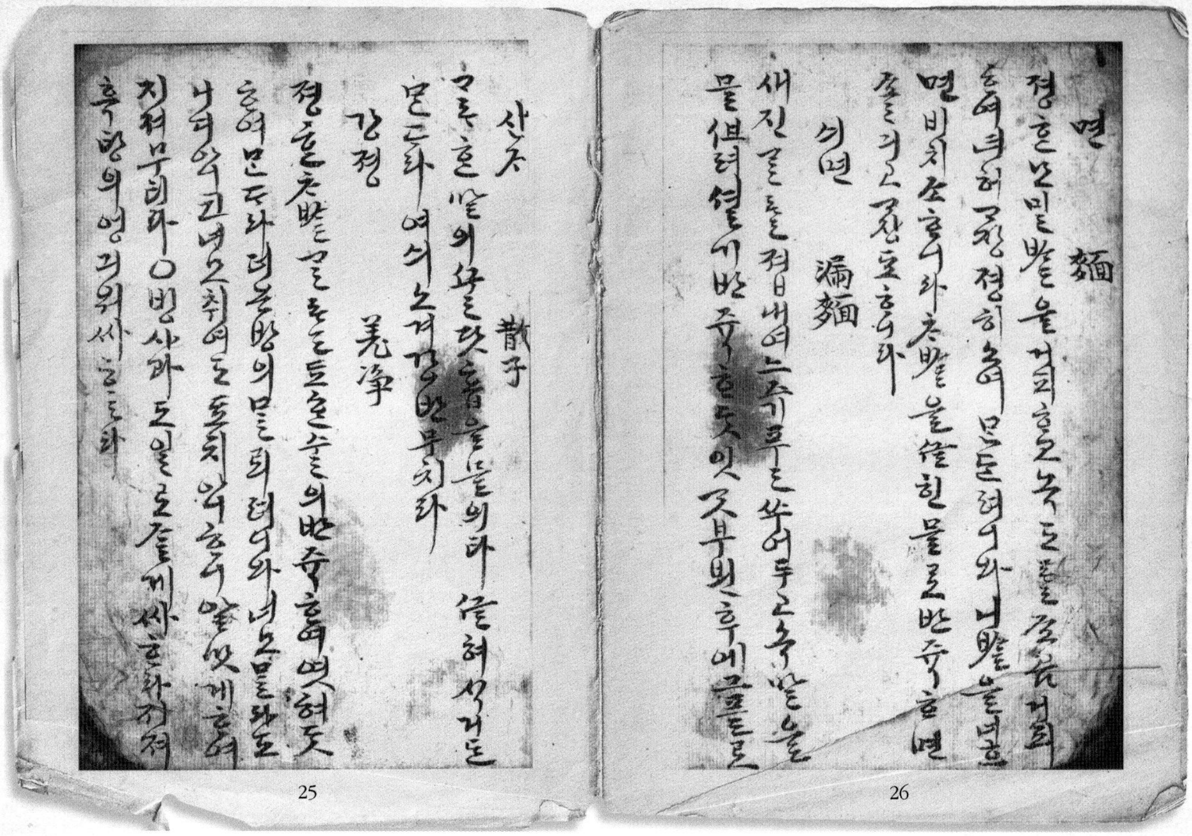

33 산자 散子

가루(찹쌀가루) 1말에 꿀 5홉을 물에 타서 끓여 식으면 만들어 엿에 녹여 강반을 묻힌다.

34 강정 羌淨

깨끗한 찹쌀가루를 좋은 술에 반죽하여 엿을 만드는 것처럼 하여 더운 방에 말린다. 너무 말려도 일지 아니하고 너무 쥐여도[19] 좋지 아니하니 알맞게 하여 지져서 무친다.

- 빈사과 : 빈사과도 일로(일 삼아) 잘게 썰어 지져서 흑탕[20]에 버무려 엉긴 후에 썬다.

35 면 麵

깨끗한 메밀쌀을 거피하고, 녹두를 조금 거피하여 넣고 매우 정갈하게 만드는데 입쌀[21]을 넣으면 빛이 좋다. 찹쌀을 끓인 물로 반죽하면 쫄깃하여 아주 좋다.

36 싀면[22] 漏麵

밀가루를 겹체에 쳐서 풀을 묽게 쑤어 놓고, 녹말에 물을 뿌려 설기 반죽하듯 잇갓[23] 비빈 후 쑤어 놓은

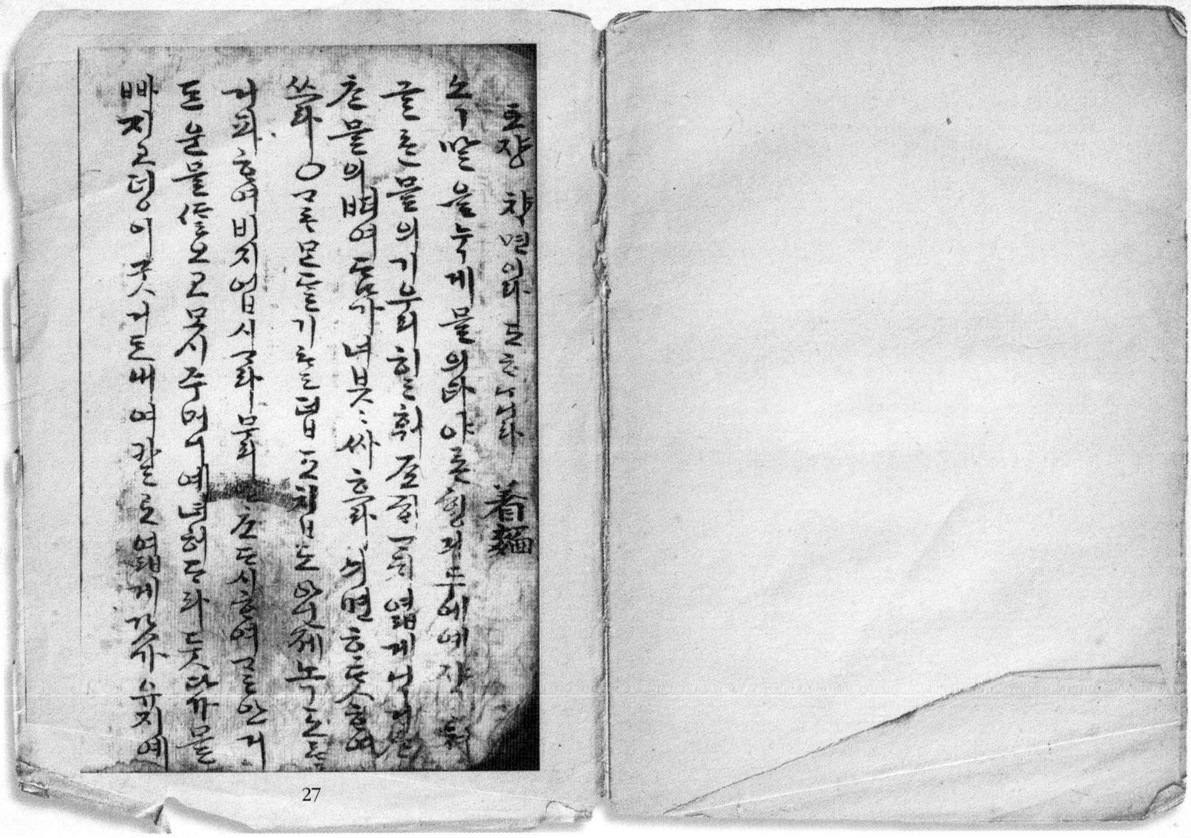

풀을 한데 섞어 알맞게 반죽한다. 오래할수록 반죽은 손에 묻지 않고 점점 눅어진다. 그런 후에 바가지에 손가락이 들어갈 만큼 구멍을 뚫은 다음 다시 밑에서 구멍을 막는다.

끓는 물 솥 위에서 반죽해 놓은 것을 바가지에 부은 후 손가락을 빼면 반죽이 구멍으로 흘러내리기 시작한다. 가늘게 하려면 높이 들면 잘 된다.

그리고 국수를 내릴 때 젓가락으로 헤치며 젓는다. 결 좋은 자루에 끌어 담아 찬물에 부어라. 깻국이나 오미자국에 청밀을 타서 사용하면 된다. 또한, 위와 같이 반죽을 하되 조금 되게 하여 가는 분판[24]에 눌러야 하기 쉽고 좋다.

37 토장 : 착면(着麵)이라고 하나니라.

녹말을 묽게 물에 타 얇은 행긔 뚜껑에 작말쳐[25] 끓는 물에 기울이고 흰 종이같이 얇게 익거든 찬물에 떼어 담가 너붓너붓[26] 썬다. 면 하듯이 하여 쓴다.

■ 가루 만들기는 덥지도 춥지도 않은 때에 녹두를 거피하여 비지 없이 갈아 무리 안치듯이 하여 가라 앉으면 웃물을 따라내고 모시주머니에 넣어 달아맨다. 주머니에서 물이 빠지고 덩어리지거든 내어 칼로 얇게 깎아 유지(油紙)에 널어 볕에 말려 두고 쓴다.

19) 취여도 : 질어도, 물기가 있어도, 축축해도
20) 흑탕 : 검은 엿, 검은 설탕, 검은 조청
21) 입쌀 : 멥쌀
22) 식면 : 실국수, 한문으로는 누면이라고 한다.
23) 잇갓 : 한껏, 가장
24) 분판 : 국숫분통의 밑바닥에 댄 구멍이 송송 난 쇠판. 이 구멍으로 국숫발이 빠져 나온다.
25) 행긔 뚜껑에 작말쳐 : 얇은 놋그릇 뚜껑에 얇게 편 후
26) 너붓너붓 : 길죽하게

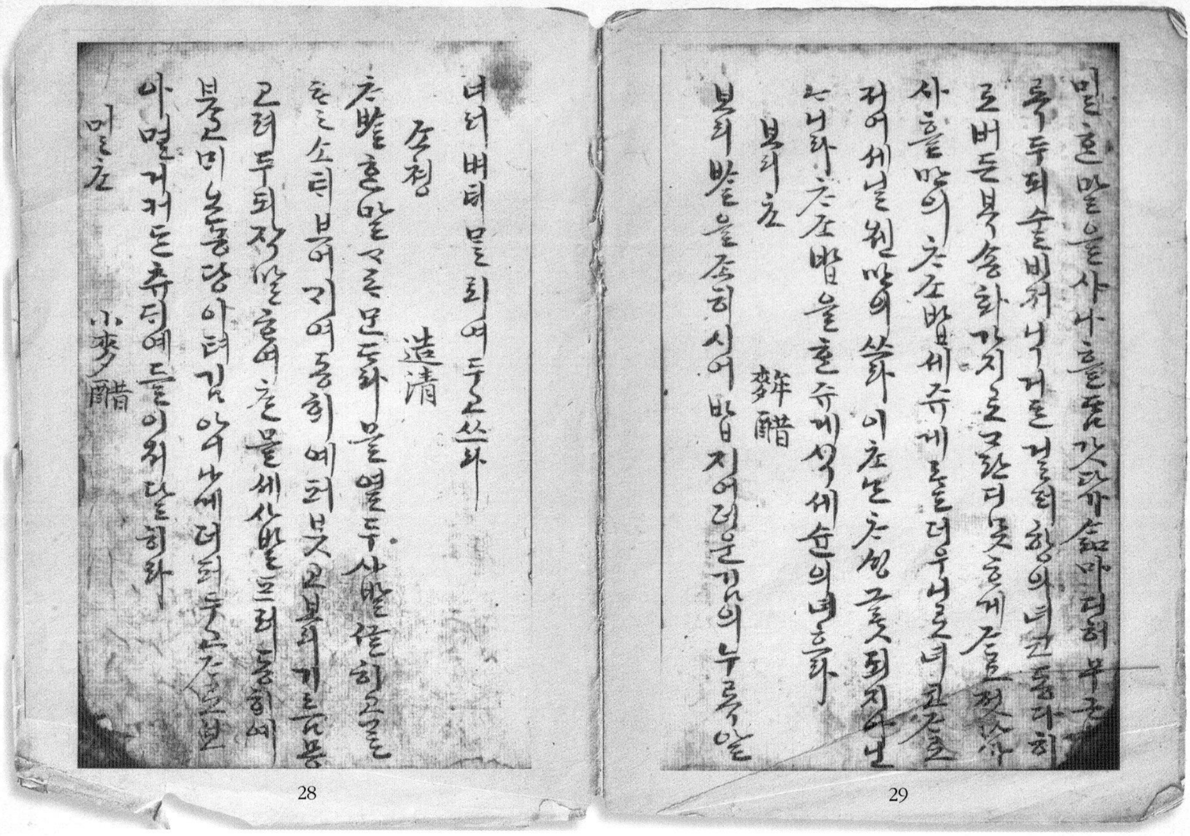

38 조청 造清

찹쌀 1말을 가루 내고, 물 12사발을 끓여서 찹쌀가루를 솥에 넣고 잘 개어서 동이에 퍼붓는다. 보리기름(엿기름) 2되를 뭉그려[27] 가루 내어 찬물 3사발에 풀어 동이에 붓는다. 매우 동당이를 쳐서[28] 김이 나가지 않게 덮어 두고 자주 보아 묽어지면 주대에 넣어 걸러서 달인다.

39 밀초 小麥醋

밀 1말을 3~4일 담갔다가 삶아 찧는다. 묵은 누룩 2되와 섞어 술을 빚어 익으면 걸러서 항아리에 넣고 동쪽으로 뻗은 복숭아 가지로 가라앉지 못하게 자주 저어 준다. 3일 만에 차조밥 3순가락을 더운 대로 넣고 자주 저어 세이레[29] 만에 쓸 수 있다.

이 초는 이후에도 그릇되지 않는다. 차조밥을 1주걱씩 3순[30]을 넣으면 좋다.

40 보리초 麰醋

보리쌀을 깨끗이 씻어 밥을 지어 더운 김에 누룩을 알맞게 섞어 솥에서 (초단지로) 옮겨 넣고 술을 부어 더운 데 두었다가 쓰라. 쉰 술로 하면 더 좋다.

27) 뭉그려 : 타개어

28) 동당이를 쳐서 : 그대로 한 켠에 두었다가

29) 세이레 : 21일 만에

30) 순 : 차례로 돌림 또는 그 차례

31) 워석워석하여 : 질지 않고 마른 듯하여

32) 자로 : 자주

33) 정함 : 콩가루. 정함을 태말(太末)이라고도 한다.

34) 누그러해야 : 묽은 듯하여야

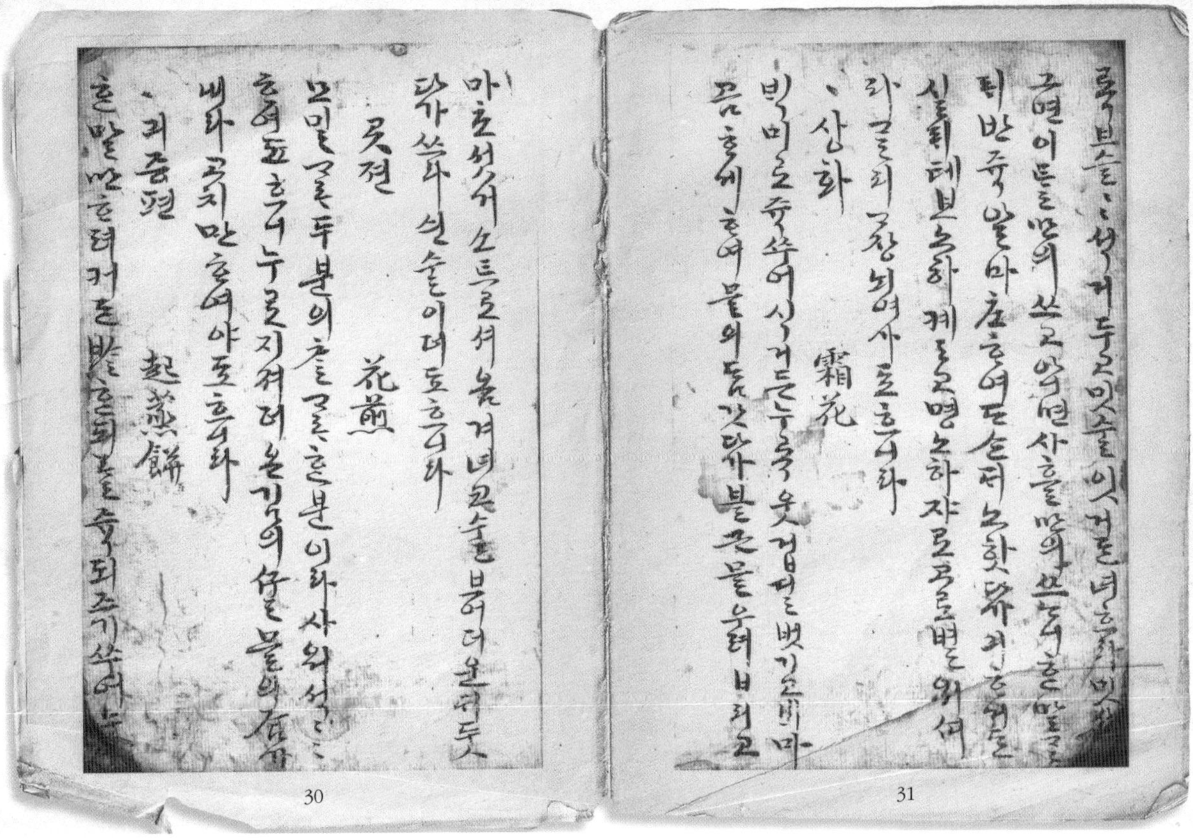

41 꽃전 花煎

메밀가루 2분량이면 찹쌀가루 1분량이라야 워석워석하여[31] 좋으니 누렇게 지져 더울 때에 꿀물에 재웠다가 꺼낸다. 꽃이 많아야 좋다.

42 기증편 起蒸餠

1말만 하려면 쌀 1되를 죽으로 되직이 쑤어 누룩을 부슬부슬하게 섞어 두고 밑술 있거든 넣는다.
밑술이 적으면 이틀 만에 쓰고 아니면 사흘 만에 쓴다. 1말 가루에 반죽을 알맞게 하여 따뜻한 데 놓았다가 술이 괴면 시루에 베보자기를 놓고 켜켜로 고명을 놓아 자로[32] 골고루 벌려서 찐다.
쌀가루는 매우 곱게 친 것을 써야 좋다.

43 상화 霜花

백미로 죽을 쑤어 식힌다. 누룩의 웃껍질을 벗기고 배만큼 하게 하여 물에 담갔다가 붉은 물을 우려 버리고 새 물에 담가 일부러 주물러 뿌연 물을 받아 그 죽의 된 정도를 고자묵처럼 쑤어 따뜻한 데 둔다. 이틀 만에 또 백미로 죽을 쑤되 밑술 2되를 하였거든 5홉을 (죽) 쑤어 덮어 이튿날 술이 괴거든 밀가루를 곱게 체에 쳐서 가루를 내어 술에 소금 간을 간간이 하여 알맞게 말아서 빚어 놓았다가 부풀면 시루에 증편을 찌듯 한다. 소는 정함(丁含)[33]이나 콩가루에 꿀을 말거나 한다. 채소도 좋다. 반죽이 누그러해야[34] 연하고 좋다.

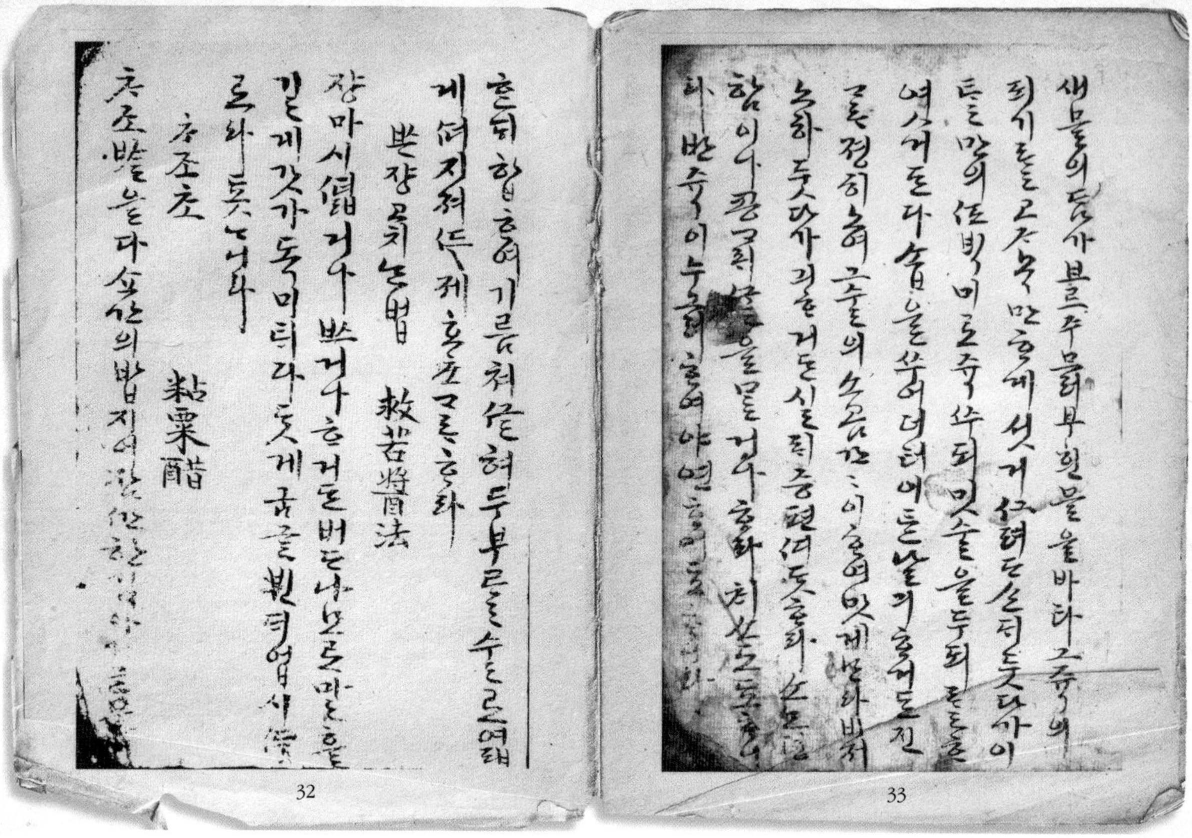

44 쓴 장 고치는 법[35] 救苦醬法

장맛이 떫거나 써지면 버드나무로 말뚝을 길게 깎아 독 밑에 빈틈없이 뚫어라[36]. 효과가 좋다.

45 차조초 粘粟醋

차조쌀을 많든 적든 간에 밥을 지어 잠깐 김이 나면 물 3말에 누룩가루를 조금 섞어 단단히 넣어 더운 곳에 둔다. 시거든 술을 부어 가며 쓴다.

35) 쓴 장 고치는 법 : 여기에서 장은 된장으로 추정된다.

36) 뚫어라 : 독 밑에 닿게 긁어 저어 준다.

46 즙디히 汁醬

나물 1동이에 메주 1말, 소금 2되, 밀가루, 누룩 각각 5홉을 섞어 알맞은 그릇에 단단히 싸 두엄에 넣었다가 7일 후에 쓴다.

- 메주가루 3말에 소금 3되, 밀가루 2되, 좋은 술 2대야를 나물 4말에 합하여도 좋다.
- 메주하는 법은 콩 1말이면 쑬 때 기울 5되를 위에 얹어 쪄서, 찧어 단단히 쥐어 띄운다. 이것을 말려서 어레미로 처서 툼툼한[37] 죽처럼 하여 소금을 알맞게 넣고 나물을 간하여 켜켜이 넣는다.

47 왜장[38] 浣醬

콩 1말을 무르게 쑤어 가장 나른이 찧어 누룩 3되, 소금 3되 반을 섞어 다시금 찧어 알맞은 그릇에 단단히 다려 가장 더운 방에 두었다가 세이레(21일) 후에 쓴다. 누그러하게 물을 타서 쪄 먹기도 좋다.

48 육장 肉醬

메주가루 3말에 삶아서 말려 찧은 쇠고기 5되, 메주가루 3되를 한데 섞고 소금과 물은 보통 햇장을 담글 때처럼 하되 깨 5되를 볶아 찧어 밑에 넣는다.

37) 툼툼한 : 국물이 바특하여 묽지 아니한

38) 왜장은 한문으로는 완장이라고도 한다.

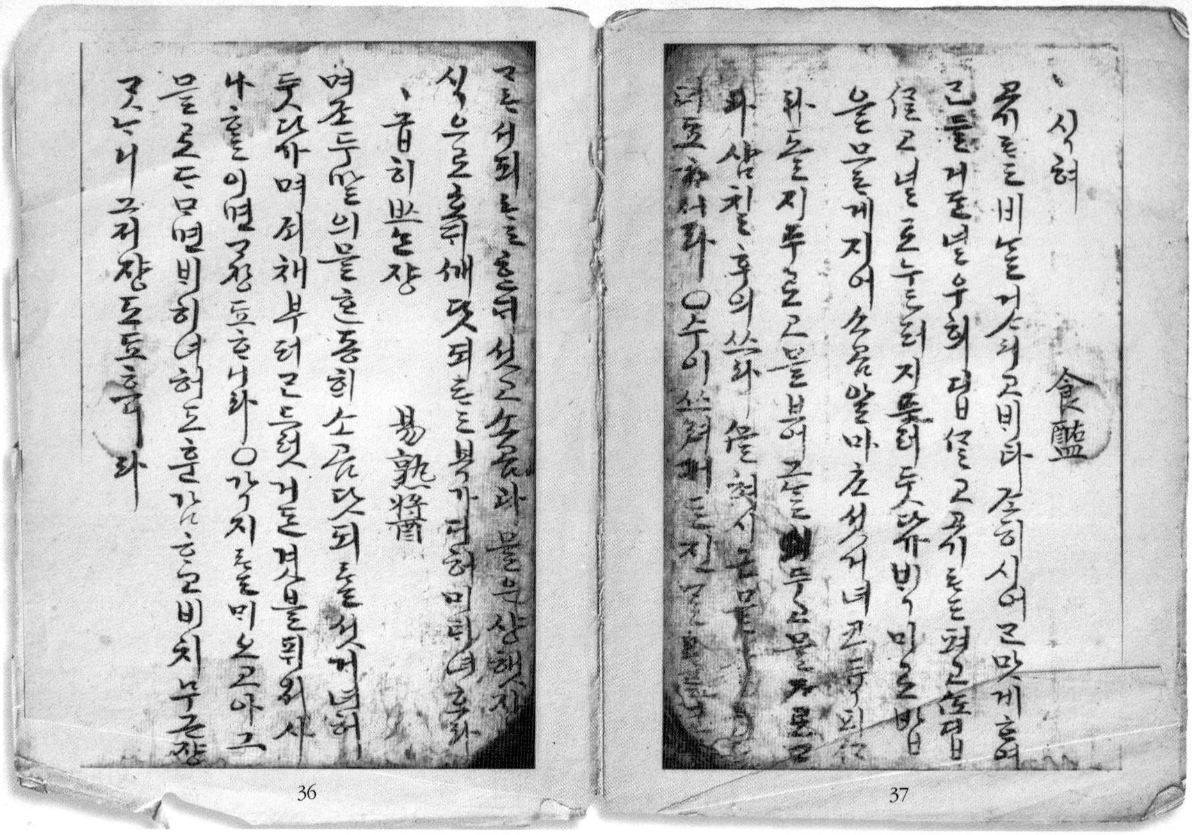

49 급히 쓰는 장 易熟醬法

메주 2말에 물 1동이, 소금 5되를 섞어 넣어 둔다. 메주가 불어서 (소금) 간이 들면 겻불을 피워 3~4일이면 가장 좋다. 각지[39]를 매우 고아 그 물로[40] 담그면 배로 넣어도 훈감하고 빛이 묵은장 같으니 그저 장도 좋다.

50 식해 食醢

고기를 비늘을 벗기고 배를 따서 깨끗이 씻어 간을 한다. 고기에 간이 들면 널 위에 짚을 깔고 고기를 펴고 또 짚을 깔고 널로 눌러 둔다. 백미로 밥을 무르게 지어 소금을 알맞게 넣고 섞어 죽피(竹皮)를 깔아 돌로 지주르고[41] 물 부어 그늘에 두고 물을 자주 갈아 삼칠일[42] 후에 쓴다. 끓여서 식은 물을 넣으면 더 좋다.

빨리 쓰려거든 밀가루를 넣어 두면 된다. 추운 때는 물을 붓지 말고 따뜻한 데 둔다.

39) 각지 : 콩깍지

40 그 물 : 콩깍지 삶은 물

41) 지주르고 : 누르고

42) 삼칠일 : 21일

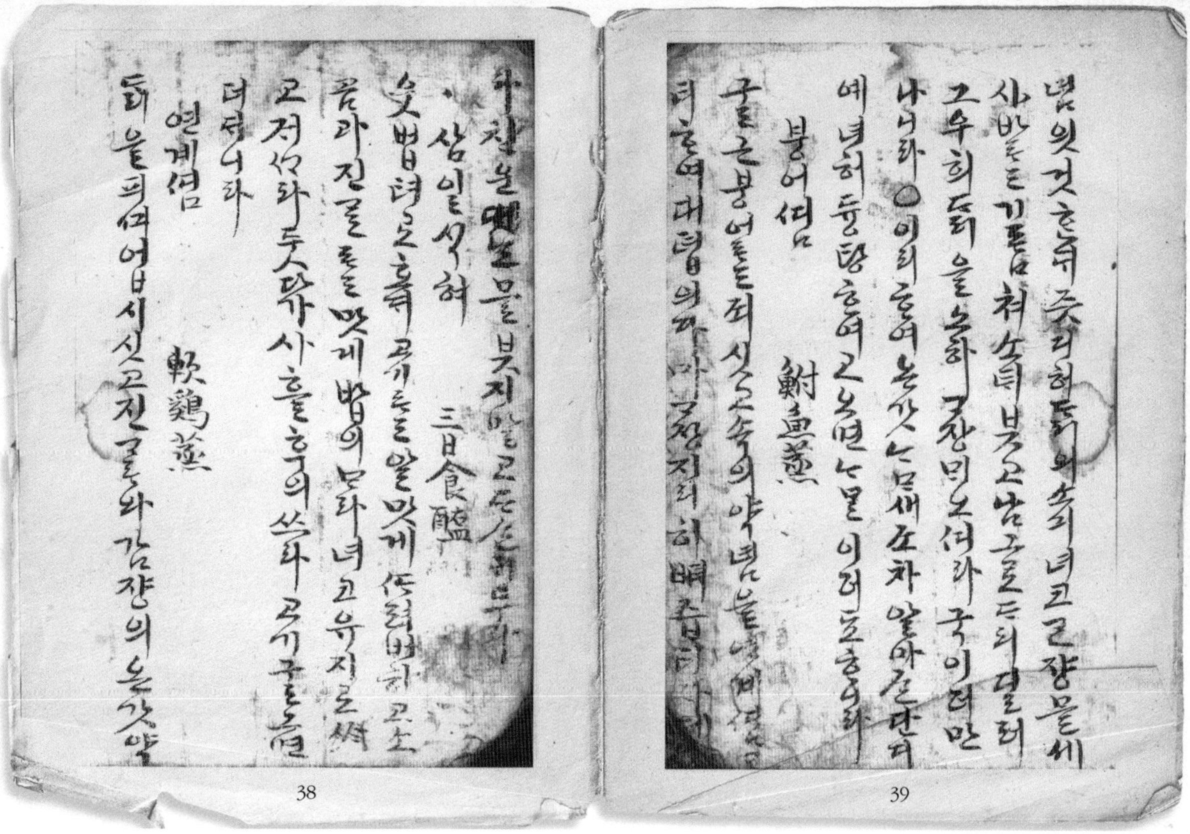

51 삼일식해 三日食醢

위의 법대로 하되 고기를 알맞게 다져 두고 소금과 밀가루를 알맞게 밥에 말아 넣고 기름종이(油紙)로 싸고 다시 깔아 두었다가 3일 후에 쓴다. 고기가 굵으면 더디 된다.

52 연계찜 軟鷄蒸

닭을 핏기 없이 씻고, 밀가루와 감장[43]에 온갖 양념을 한데 짓찧어 닭의 뱃속에 넣는다. 간장물 3사발을 기름을 쳐서 솥에 붓고 나무로 다리를 질러 그 위에 닭을 놓아 가장(매우 푹) 찐다. 국물이 더 맛이 있다. 이리하여 온갖 나물과 함께 알맞은 단지에 넣어 중탕하여 고면 나물이 더 좋으니라.

53 붕어찜 鮒魚蒸

굵은 붕어를 모두 씻어 뱃속에 양념을 넣는다. 이것을 영계찜 하는 방법대로 하여 대접에 담아 지리히[44] 찐다. 즙티가려[45] 뼈를 모두 뽑고 하면 더 좋다.

43) 감장 : 간장을 담가 3년이 지난 단간장

44) 지리히 : 가장, 오랫동안, 매우

45) 즙티가려 : 지느러미, 비늘 등을 손질하는 것으로 생각된다.

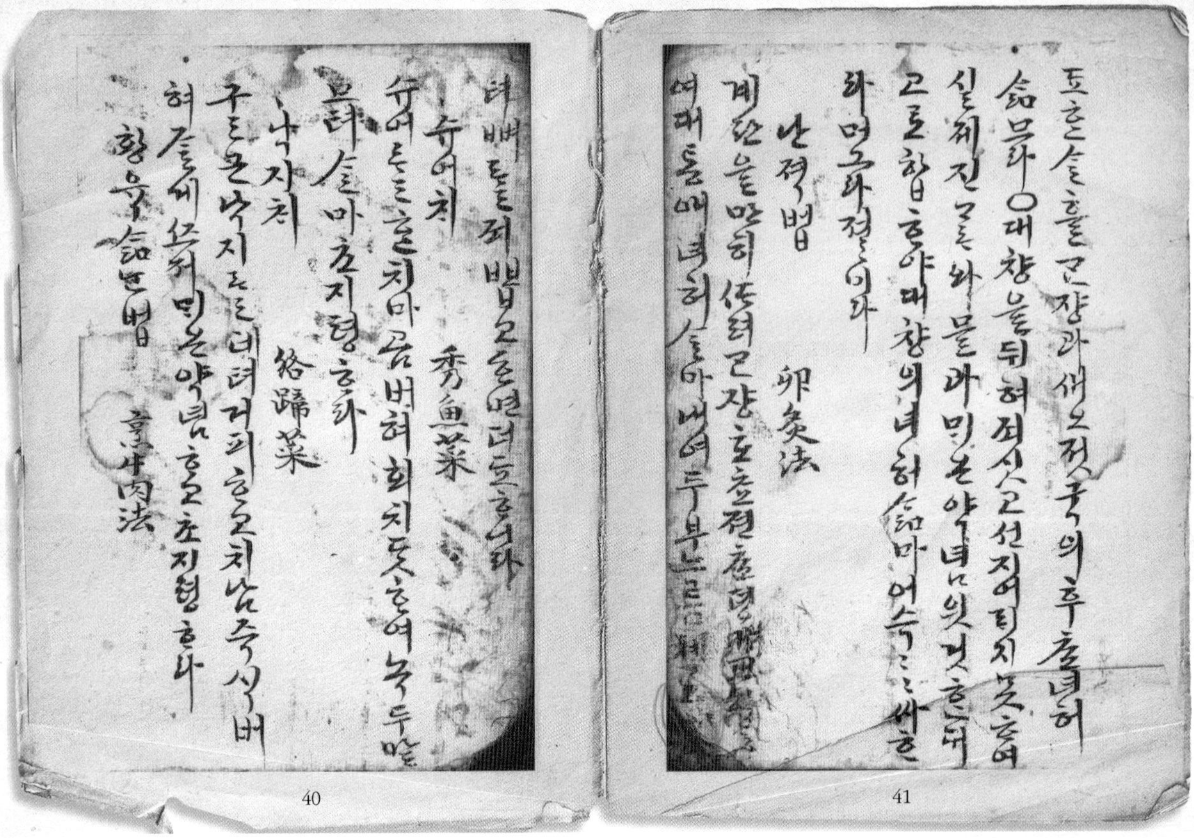

54 숭어채 秀魚菜

숭어를 1치만큼 썰어 회를 치듯이 한다. 녹두가루를 묻혀 삶아 초지렁[46]을 한다.

55 낙지채 絡蹄菜

굵은 낙지를 데쳐 껍질을 벗긴다. 낙지를 1치 정도씩 잘라 잘게 찢어 매운 양념을 하고 초지렁을 한다.

56 황육 삶는 법 烹牛肉法

좋은 살코기는 간장과 새우젓국에 후추를 넣어 삶는다.

■ 순대 : 대창을 모두 뒤집어 씻는다. 선지가 어리지 못하였을 때 밀가루와 물과 매운 양념을 한데 고루 합하여 대창에 넣어 삶은 후 어슥어슥[47] 썰어 먹는다.[48] 절미이다.

57 난적법 卵炙法

달걀을 많이 깨트려서 간장, 후추, 천초, 형개를 넣어 교합한다[49]. 이것을 대나무통에 넣어 삶아 내어 두부느름 하는 것처럼 ㅁㅁ하라. 기름장을 발라 구워 먹는다. 즙을 쳐도 좋고 기름장에 탕하여도 좋다.

■ 수란 : 소금물을 간간하게 하여 끓이며 알을 깨뜨려 가만가만 쏟아 채 익지 않을 때[50] 떠서 쓴다.

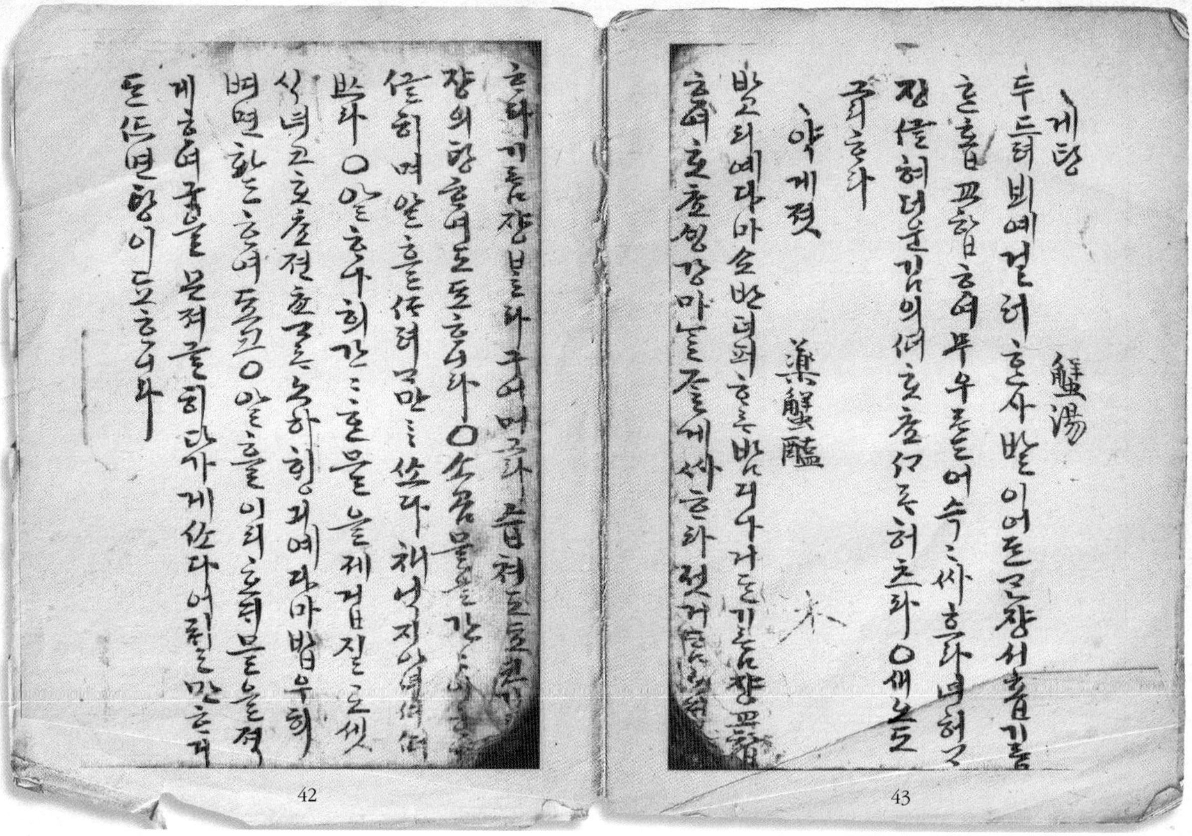

■ 알찜 : 알 하나에 간간한 물을 제 껍질로 셋씩 넣고 후추, 천초를 갈아 넣고 행긔[50]에 담아 밥 위에 찌면 반들반들하고 매끄러워서 좋다.

■ 달걀탕 : 알을 이렇게 하여 조리하되 물을 적게 하여 국을 먼저 끓이다가 거기에 쏟아 어릴 만하여 뜨면 탕이 좋다.

58 게탕 蟹湯

게를 두드려서 베에 거른다. 게가 1사발이면 간장 3홉과 기름 1홉을 서로 교합하여 무를 어슥어슥하게 썰어 넣어 매우 끓여 더운 김에 떠서 후춧가루를 뿌린다.

■ 새우탕 : 새우도 게탕을 끓이는 법대로 한다.[51]

59 약게젓 藥蟹醢

약게를 바구니에 담아 소반을 덮어 하룻밤이 지나면 기름장을 섞고, 후추, 생강, 마늘을 잘게 썰어 섞어 담는다. 기름장을 달여 따뜻한 김이 있을 때 담아서 7일 후에 쓴다. 다른 젓갈은 소금물을 끓여 식거든 담아라.

46) 초지령 : 초간장
47) 어슥어슥 : 어슷어슷
48) 역자의 의견 : 이것은 순대법이다.
49) 교합한다 : 서로 섞는다.
50) 행긔 : 놋그릇의 방언
51) 역자의 의견 : 새우탕이다.

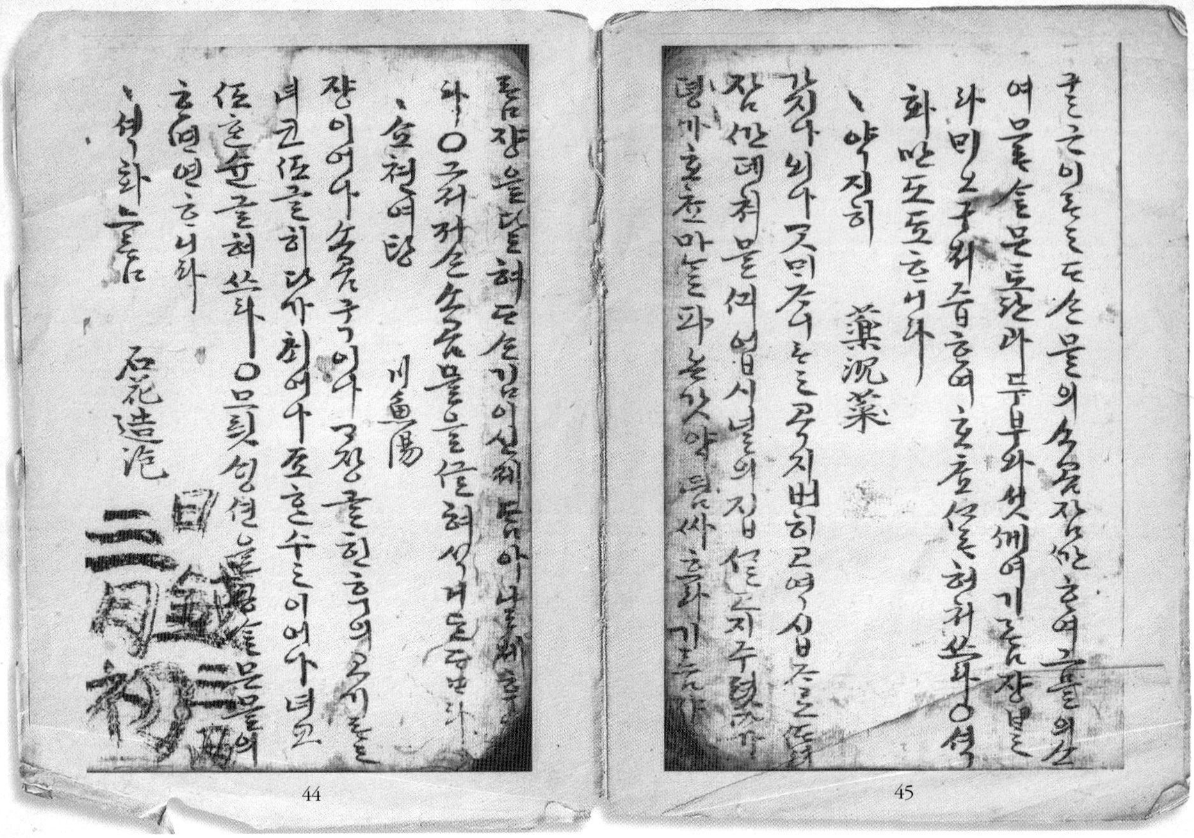

60 소천어탕 川魚湯

장이나 소금국을 가장(매우) 끓인 후에 고기를 넣고 또 끓이다가 초나 좋은 술을 넣고 다시 한 번 끓여 쓴다. 무릇[52] 생선을 콩 삶은 물에 하면 연하다.

61 석화느름 石花造泡

굵은 석화를 따뜻한 물에 소금을 잠깐[53] 풀어 그 물에 소여[54] 무르게 삶은 토란과 두부와 섞어 꿰어 둔다. 기름장을 발라 오래 구운 후 즙을 하고 후춧가루를 뿌려 쓴다.

■ 석화느름 2 : 석화만 하여도 좋다.

62 약지히[55] 藥沈菜, 오이약지히, 가지약지히

가지나 외나 갓 열매 맺은 것을 꼭지를 베고 열십자로 칼집을 낸다. 이것을 잠깐 데친 후 물기 없이 널판지에 짚을 깔고 눌러 둔다. 형개, 후추, 마늘, 파 등 온갖 양념을 썰어 기름장에 몹시 볶는다. 볶아 둔 양념을 데쳐 둔 채소의 속에 넣는다. 간장을 달여 더운 김에 부어 알맞은 단지에 넣어 두고 쓴다. 꿩고기나 쇠고기를 만두속같이 하여 넣으면 더 좋다.

■ 죽순약지히 : 죽순도 연하니 오래 삶은 후 많이 우려서 물기 없이 하여 그대로 한다.

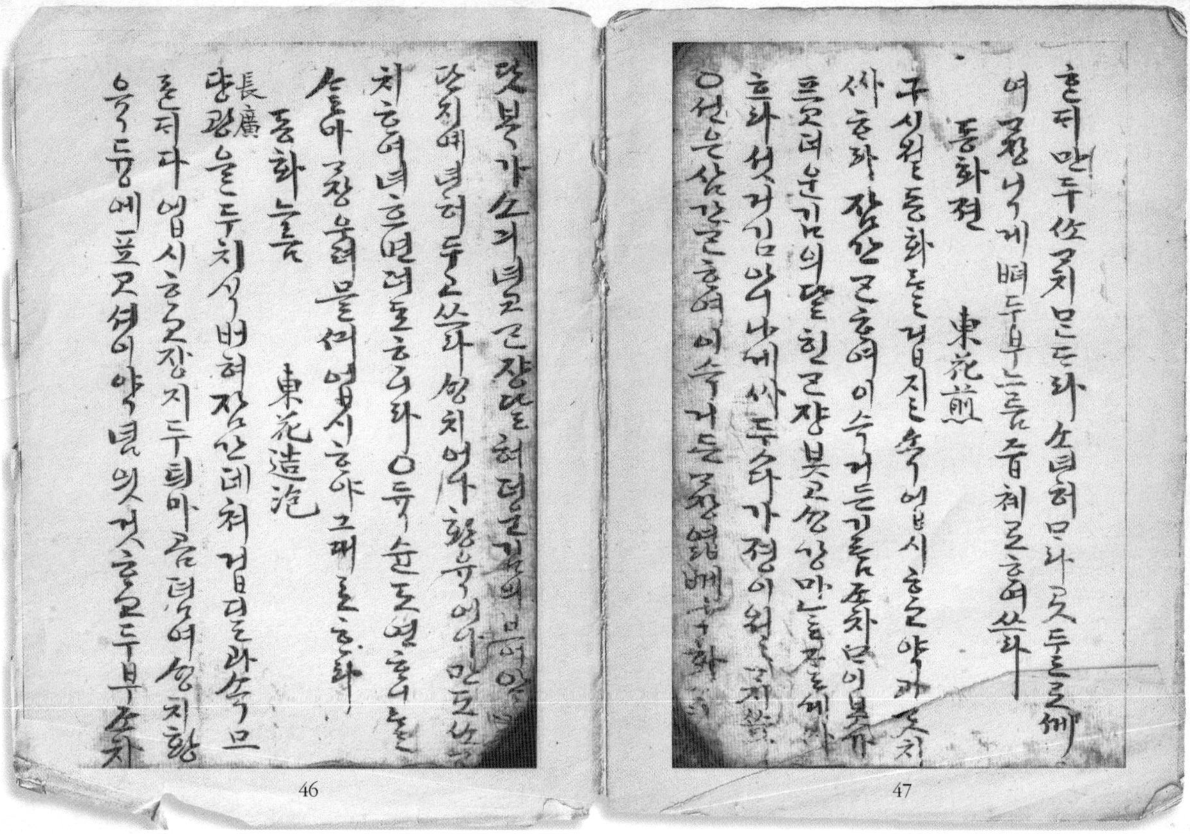

63 동화[56] 느름 東花造泡

길이와 너비(長廣)를 2치씩 썰어 잠깐 데친다. 껍질과 속을 무른 데가 없이 하고 장지 두께만큼씩 저며둔다. 꿩고기나 쇠고기에 표고버섯, 석이버섯 양념을 하고 두부도 함께 넣어 만두소같이 소를 만든다. 동아에 소를 넣어 말아 꼬치에 꿰어 매우 익게 쪄서 두부느름이 즙처럼 하여 쓴다.

64 동화전 東花煎[57]

9~10월 동아를 껍질과 속을 없앤다. 동아를 약과 같이 썰어 잠깐 간을 하여 숨이 죽으면 기름을 넣고 많이 볶는다. 볶은 동아를 펴서 더운 김에 달인 간장을 붓고 생강과 마늘 잘게 썰어 섞은 후 김이 나가지 않게 싸 두었다가 정이월까지 쓴다.

■ 동아돈채 : 동아는 잠깐 간을 하여 숨이 죽으면 가장 얇게 낙화같이 썰어 초와 겨자를 넣어 쓴다. 깻국을 타면 더 좋다.[58]

52) 무릇 ; 대체로, 일반적으로

53) 잠깐 : 조금

54) 소여 : '데쳐'라는 뜻으로 해석한다.

55) 지히 : 주방문에 약지히와 지히가 있다. 약지히는 형개, 후추, 마늘, 파, 기름장 등의 양념을 사용하였고, 지히는 마늘만 사용하였다.

56) 동화 : 동아

57) 전(煎) : '煎'은 '다릴 전, 지질 전'이다. 전유어의 한 방법이나 장아찌류로 분류한다.

58) 역자의 의견 : 〈음식디미방〉의 동아돈채와 조리법이 비슷하여 동아돈채로 명명하였다.

65 오이가지선 苽茄菜 苽茄菁沈菜

오이나 가지를 모두 씻어 꼭지 잘라 버리고 열십자로 칼집을 넣는다. 마늘을 잘게 두드려서 속에 넣고 짚으로 동여맨다. 소금물을 알맞게 하여 담가 두었다가 쓴다.

■ 가지지히, 오이지히, 무지히 : 지히는 가지, 오이, 무를 모두 씻어서 물기 없앤다. 국을 끓여서 더운 김에 붓고 단단히 싸 두었다가 열흘 후에 쓴다.

66 더덕자반 沙參佐飯

더덕의 껍질을 벗기고 두드려서 심을 파내고 쓴맛이 없도록 모두 우린다. 익게 쪄서 소금, 기름, 간장 후추를 한데 넣어 섞는다. 이것을 하룻밤 동안 재웠다가 말려서 두고 구워서 쓴다.

■ 더덕침채 : 침채(沈菜)는 더덕을 두드려서 물을 갈아 가며 쓴맛을 우려내고 3일 후에 말망이[59]를 섞어 담는다.

67 양하적 蘘荷炙

양하를 데쳐서 우려 물기 없이 쥐어짠다. 즙을 되직하게 하여 굽는다.

59) 말망이 : 미나리　　60) 두는 : 저장하는　　61) 객물 : 날

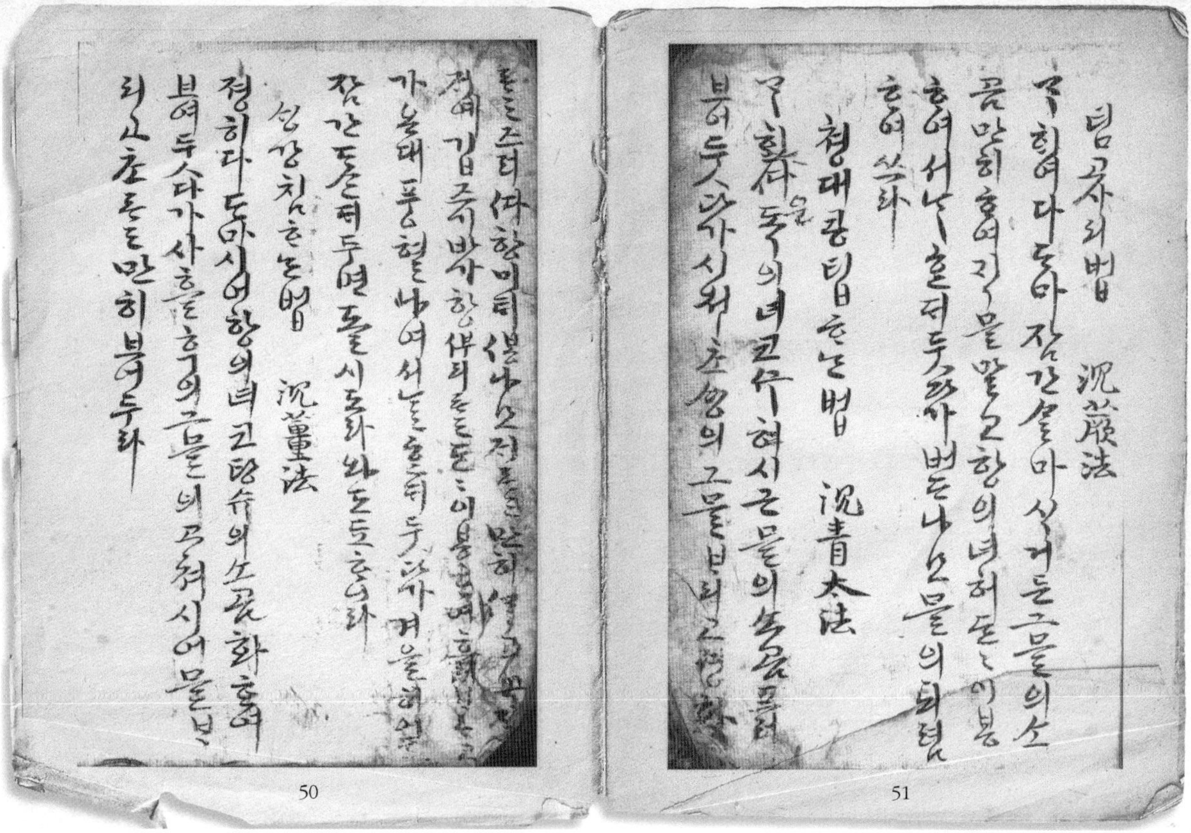

68 오이와 가지를 두는[60] 법 藏苽茄法

8~9월 서리가 오지 않았을 때 손때를 묻히지 말고 오이나 가지의 줄기를 얼른 딴다. 항아리 밑에 뽕나무 재를 많이 깔고 꼭지를 재에 깊숙이 박는다. 항아리 입구를 단단히 봉하고 흙더미 가운데 바람구멍을 내서 서늘한 곳에 두었다가 겨울이 되면 잠깐 따뜻한 데 두면 1년 후에도 좋다.

69 생강 침하는 법 沈薑法

생강을 깨끗이 다듬어 씻어 항아리에 넣고 끓는 물에 소금을 합하여 부어 둔다. 3일 후에 그 물을 다시 씻어 버리고 초를 많이 부어 둔다.

70 침고사리 법 沈蕨法

고사리를 가려내서 다듬어 잠깐 삶아 식으면 그 물에 소금을 많이 넣는다. 객물[61] 말고 항아리에 넣어 단단히 봉하여 서늘한 곳에 두었다가 버드나무 물에 퇴렴하여 쓴다.

71 청대콩 침하는 법 沈青太法

가을에 따 온 청태콩을 독에 넣고 끓여서 식힌 물에 소금을 풀어 부어 둔다. 10월 초승에 그 물을 버리고 정화수를 부어 두었다가 살짝 삶아 쓴다.

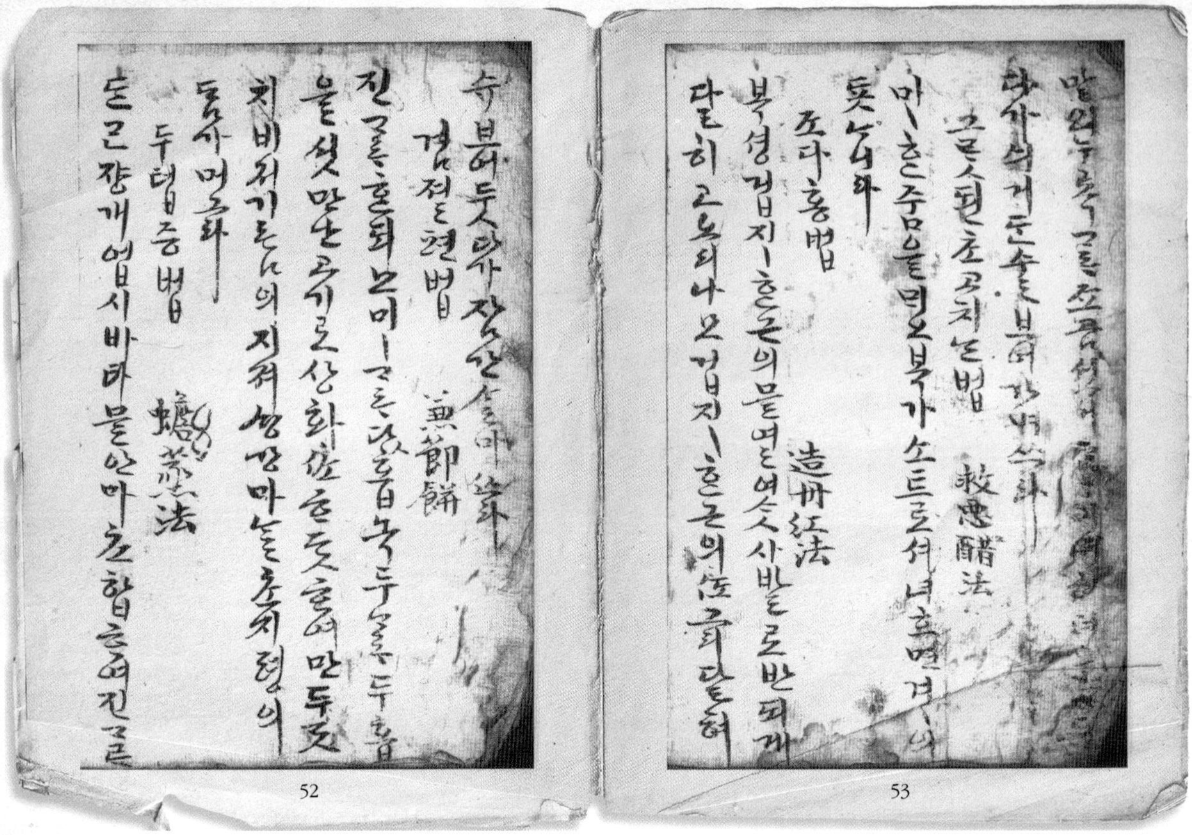

72 겸절병 만드는 법 兼絶法

밀가루 1되, 메밀가루 5홉, 녹두가루 2홉을 섞어 맛있는 고기로 상화의 소처럼 하여 만두같이 빚는다. 이것을 기름에 지져 생강, 마늘, 초지령에 담가 먹는다.

73 두텁증법 蟾蒸法

단간장을 티 없이 밭쳐 물을 알맞게 합하고, 밀가루를 한데 합한다. 기름을 쳐서 끓인 다음 두부를 숟가락으로 얇게 떠서 지진다. 뜰 때 후춧가루를 뿌린다.

74 맛이 변한 초를 다시 쓰는 법 救惡醋法

밀 1줌을 오랫동안 볶아 송두리째 넣으면 즉시 효과가 좋다.

| 부록 |

주방문의 조리학적 분석

서론

음식은 사람을 자연과 연결시켜 주는 매개체이다. 긴 역사의 흐름 속에서 형성되어 온 민족 고유의 문화적 유산으로 그 나라의 역사와 생활, 그리고 전통이 배어 있다.

그러나 음식문화에 대한 보존이나 기록, 관련 유물에 대한 보존은 극히 제한되어 있고 단독으로 쓰인 조리서도 그 역사가 길지 않다. 우리 옛 음식문화의 발자취인 고조리서를 분석, 고찰하는 것이 음식문화를 전수시키고 발전시키는 계기가 된다고 생각한다.

〈주방문〉은 한글로 쓰여진 조선시대 중기의 조리서이다. 필사본 1책으로 되어 있으며, 서울대학교 규장각에 소장되어 있다. 크기는 가로 15cm, 세로 23.1cm이며, 용지는 한지로 되어 있고, 묶음부의 훼손이 심하여 판독할 수 없는 부분이 많다. 필사연대는 정확히 알 수 없으나 1600년대 말엽에 편찬된 것으로 추정된다. 〈주방문〉은 '약지히 藥沈菜', '됴술누록법 甘酒麯造法', '곳젼 花煎'과 같이 한글로 음식명을 기록하고 그 밑에 한자명을 기록하고 있어 고유어 음식명이 한자어로 어떻게 불리고 있는지를 잘 알 수 있다. 또한, 가격이 표기된 우리나라 최초의 서적이라는 점에서 큰 의의를 지니고 있다.

본고는 〈주방문〉을 해제하여 조리법, 재료 및 분량, 조리기구, 계량단위, 조리용어, 식품분류 등을 검토함으로써 음식문화의 변천을 연구하는 기초자료로 제공하고자 한다.

주방문의 내용

1. 음식의 분류 및 재료

〈주방문〉에 기록된 음식은 표 1과 같다. 술 빚는 법은 28가지, 음식 만드는 법은 68가지로 〈주방문〉이라는 책명으로 보아 술에 관한 책인 것 같으나 조리법이 더 많이 수록되어 있다. 각 음식을 분류별로 보면 면(국수) 2종, 국 4종, 찜 4종, 구이 1종, 느르미 3종, 전 1종, 숙회 2종, 순대·편육·수란·채·자반 각 1종, 김치 및 장아찌 9종, 젓갈 3종, 떡 4종, 유밀과 5종, 유과 3종, 음청류 2종, 술 28종, 양념류 12종, 당류 1종, 기타 3종, 저장법 4종으로 총 96종류가 있다.

표 1 주방문에 기록된 음식과 술의 분류

분류	가짓수	음식명
면(국수)	2	면(麵), 싀면(漏麵)
국	4	게탕(蟹湯), 새우탕, 소천어탕(川魚湯), 달갈탕
찜	4	연계찜(軟鷄蒸), 붕어찜(鮒魚蒸), 두텁증법(蟾蒸法), 달갈찜
구이	1	양하적(蘘荷炙)
느르미	3	석화느름(石花造泡)1·2, 동아느름(東花造泡)
전	1	난적법(卵炙法),
숙회	2	숭어채(秀魚菜), 낙지채(絡蹄菜)
순대	1	순대
편육	1	황육 삶는 법(烹牛肉法)
수란	1	수란(水卵)
채	1	동아돈채
자반	1	더덕자반(沙蔘佐飯)
김치 및 장아찌	9	더덕침채, 가지지히, 오이지히, 무지히, 오이약지히(藥沉菜), 가지약지히, 죽순약지히, 오이가지선(沉茄菜), 동화전(東花煎)
젓갈	3	식해(食醢), 삼일식해(三日食醢), 약게젓(藥蟹醢)
떡	4	기증편(起蒸餠), 상화(霜花), 꽃전(花煎), 겸절병(兼節餠)
유밀과	5	약과(藥果), 콩연약과, 연약과(軟藥果), 중박계(中朴桂), 우근겨(竹節)
유과	3	산자(散子), 강정(羌淨), 빙사과
음청류	2	식혜(감주), 토장(着麵)

〈계속〉

분류	가짓수	음식명
술	28	급시주(急時酒), 급청주(急淸酒), 일일주(一日酒), 이화주(梨花酒), 합주(合酒) 하향주(荷香酒), 청명주(淸明酒), 백하주(白霞酒), 벽향주(碧香酒), 닥주(楮酒), 점주(粘酒), 점주-2(粘酒 2), 감주(甘酒), 보리주(麰酒), 일해주(一亥酒), 절주(節酒) 삼해주(三亥酒) 연엽주(蓮葉酒), 송령주(松鈴酒) 과하주(過夏酒) 소주별방(燒酒別方) 보리소주(麥燒酒), 소주(燒酒)[쌀 1되에 도로 1되 나는 법(米一升出燒酒一升法)],자주(煮酒) 무국주(無麯酒), 서김법(酵法), 술맛 그릇되지 아니하는 법, 쉰술 고치는 법(救酸酒法)
양념류	12	즙디히(汁醬) 1 · 2 · 3, 왜장(流醬), 급히 쓰는 장(易熟醬) 1 · 2, 쓴 장 고치는 법(救苦醬法) 육장(肉醬) 밀초(小麥醋), 보리초(麥醋), 차조초(粘粟醋), 맛이 변한 초를 다시 쓰는 법(救惡醋法)
당류	1	조청(造淸)
기타	3	쌀가루 누룩 빚는 법, 단술 누룩법(甘酒麴造法), 녹말 만들기
저장법	4	오이와 가지를 두는 법(苽茄法), 생강 침하는 법(沈薑法), 침고사리법(沈蕨法), 청태콩 침하는 법(沈靑太法)
합 계	96	

1) 주식류

주식류는 면과 싀면으로 국수류에 속한다. 면은 메밀가루, 녹두가루와 멥쌀가루로 반죽하여 만든 것이고, 싀면은 밀가루와 녹말로 만든 것이다. 싀면은 깻국에 넣어서 먹으면 주식류로 볼 수 있고, 오미자국에 넣어서 먹으면 착면과 같은 음청류로 볼 수 있다.

표 2 면류의 종류, 재료와 조리법

음식명	재료	조리법	비고
면(麵)	메밀가루, 녹두가루, 멥쌀, 찹쌀	메밀가루 + 녹두가루 + 멥쌀가루 → 찹쌀 끓인 물 첨가하기 → 반죽하기	멥쌀을 넣으면 빛을 좋게 한다. 찹쌀 끓인 물로 반죽하면 쫄깃하여 아주 좋다.
싀면(漏麵)	진가루(밀가루). 녹말, 깨, 오미자, 청밀(淸蜜, 꿀)	밀가루 체에 치기 → 묽게 풀 쑤기 녹말 + 물 → 설기 반죽하듯이 비비기 + 밀가루풀 → 반죽하기 → 구멍 뚫은 박바가지에 반죽을 부어 내리기 → 끓는 물에 떨어뜨려 익히기 → 찬물에 담갔다 건지기 → 깻국이나 꿀을 탄 오미자 국에 말기	느즈기 묽게 풀을 쑨다. 박에 구멍을 뚫어 박을 높이 들면 올챙이 국수가 가늘어진다. 반죽을 되게 하여 가는 분판으로 누르면 하기 쉽고 좋다.

2) 찬물류

(1) 국

국은 게탕, 소천어탕, 달걀탕이다. 게, 천어, 달걀을 주재료로 사용하였으며, 간장이나 소금으로 간을 하였다. 소천어탕의 천어는 민물에 사는 고기를 말하며, 초나 좋은 술을 첨가하여 생선의 비린내를 없애거나 생선의 뼈를 연하게 한 것 같다. 달걀탕은 난적법에 같이 설명되어 있으나 조리법을 보고 붙인 이름이다.

표 3 국류의 재료, 분량과 조리법

음식명	재료 및 분량	조리법	비고
게탕(蟹湯)	게(두들겨 걸러서 1사발 정도), 간장 3홉, 기름 1홉, 무, 후춧가루	게 두들기기 → 베에 거르기 + 간장, 기름, 어슷하게 썬 무 → 끓이기 + 후춧가루	게는 두드려 베에 걸러 사용한다.
소천어탕(川魚湯)	간장, 소금국, 고기, 식초, 좋은 술, 천어, 좋은 술	장이나 소금국 끓이기 + 민물고기 → 끓이기 + 초나 좋은 술 → 끓이기	무릇 생선을 콩 삶은 물로 하면 좋다.
달걀탕	달걀, 물	끓인 국 + 달걀	어릴 만하여 뜨면 탕이 좋다.

(2) 찜

찜은 연계찜, 붕어찜, 두텁증법, 달걀찜이 있다. 닭, 붕어, 두부, 달걀을 사용하였다. 두텁증법은 두텁떡과 비슷한 이름이나 찐 떡이 아니라 찜의 종류로 단간장에 밀가루, 물, 기름을 섞어 끓인 국물에 두부를 수저로 떼어 내어 두꺼비 모양으로 섞어 끓인 후 후춧가루를 친 것이다. 달걀찜은 난적법에 같이 설명되어 있으나 음식명이 표기되지 않아 조리법을 보고 달걀찜이라고 하였다.

표 4 찜의 재료, 분량과 조리법

음식명	재료 및 분량	조리법	비고
연계찜(軟鷄蒸)	닭, 밀가루, 간장, 온갖 양념, 간장물 3사발, 기름, 온갖 나물	닭 씻기 → 속에 양념 넣기 → 솥에 간장 넣기 → 나무다리 질러 닭을 위에 얹기 → 찌기 → 단지에 나물과 찐 닭 넣기 → 중탕하기	간장물에 즙이 떨어져 맛이 난다.
붕어찜(鮒魚蒸)	붕어, 양념	붕어 속에 양념 넣기 → 대접에 담아 찌기	잡티와 뼈를 뽑고 하면 좋다.
두텁증법(蟾蒸法)	단간장, 물, 밀가루, 기름, 두부, 후춧가루	단간장 + 물 + 밀가루 + 기름 → 끓이기 + 두부 → 섞어 지지기 + 후춧가루	
달걀찜	달걀 1개, 소금물 달걀껍질로 3씩, 후추, 전조	달걀 + 간한 물 + 갈은 후추 · 천초 → 놋그릇에 넣기 → 밥 위에 찌기	반들반들하고 매끄러워서 좋다.

(3) 구이

구이는 난적법과 양하적이 있다. 주재료는 달걀과 양하(蘘荷)이다. 난적법은 대통에 넣어 삶는다고 하였으나 실제 조리를 할 때에는 대통의 뚜껑이 없어 내용물이 쏟아질 우려가 있으므로 찌는 방법을 선택하였다.

표 5 구이의 재료와 조리법

음식명	재료 및 분량	조리법	비고
난적법 (卵炙法)	달걀, 간장, 후추, 천초, 형개, 기름장	달걀 + 간장 + 후추 + 천초 + 형개 → 대통에 넣어 삶기 → 기름장 발라 굽기 → 즙하여 먹거나 기름장에 탕하기	두부느름이 하는 것 처럼 한다.
양하적 (蘘荷炙)	양하	양하 데쳐 우리기 → 물기 없이 쥐어짜기 + 즙 → 굽기	

(4) 느르미

느르미는 석화느름과 동아느름이 있다. 석화느름은 굴, 토란을 꼬치에 꿰어 구운 다음 즙하였고, 동아느름은 동아를 얇게 저며 소를 넣고 말아서 꼬치를 꿰어 쪄서 즙하였다.

표 6 느르미의 종류, 재료와 조리법

음식명	재료 및 분량	조리법	비고
석화느름1 (石花造泡)	석화(굴), 소금, 따뜻 한 물, 토란, 두부, 기름장, 후춧가루	굴 + 소금 + 따뜻한 물 + 삶은 토란 + 두부 → 꼬챙이에 꿰 기 → 기름장 바르기 → 굽기 → 즙하기 → 후추 뿌리기	굴만 요리하여도 좋다.
석화느름2	석화	장광(長廣 - 길이와 너비) 2치씩 썰기 → 데치기 → 껍질과 속 없애기 → 가운데 손가락 2치만 하게 저미기 → 소를 넣 고 말기 → 꼬치 2개로 꿰기 → 찌기 → 즙하기 소 : 꿩고기나 소고기 + 표고버섯 + 석이버섯 → 양념하기 + 두부 → 소 만들기	두부느름이 즙처 럼 하여 쓴다.
동아느름 (東花造泡)	동아, 생치, 황육, 표고버섯, 석이버섯, 두부		

(5) 숙회

숙회는 생선을 얇게 떠서 녹말을 묻혀 끓는 물에 데치거나 쪄서 만든 회로, 숭어채와 낙지채가 있다. 그러나 낙지채는 녹말을 묻히지 않고 데쳐서 양념하여 먹으므로 무침과 같다.

표 7 숙회의 종류, 재료와 조리법

음식명	재료 및 분량	조리법	비고
숭어채(秀魚菜)	숭어, 녹두가루	숭어 1치 길이로 회 치기 → 녹두가루 묻히기 → 삶기	초간장과 같이 낸다.
낙지채(絡蹄菜)	낙지, 매운 양념	낙지 → 데치기 → 껍질 벗기기 → 1치 길이로 자르기 → 매운 양념하기	초간장과 같이 낸다.

(6) 순대

순대는 대장에 밀가루, 선지를 이용하여 만든 것으로 주방문의 순대는 다른 채소나 고기가 들어가지 않는다. 순대는 음식명이 기록되어 있지 않으나 조리법을 보고 음식명을 붙였다.

표 8 순대의 재료와 조리법

음식명	재료 및 분량	조리법	비고
순대	대장, 밀가루, 선지, 물, 매운 양념	대장 씻기 → 선지 + 밀가루 + 물 + 매운 양념 섞기 → 대장 속에 넣기 → 삶기 → 어슷어슷 썰기	대장을 씻을 때 뒤집어 씻는다.

(7) 편육(황육 삶는 법)

황육 삶는 법은 살코기를 간장, 새우젓국, 후추를 넣고 삶는 것으로, 삶은 다음 썰어서 편육으로 사용하였는지에 대한 설명은 없다.

표 9 황육 삶는 법의 재료와 조리법

음식명	재료 및 분량	조리법	비고
황육 삶는 법(烹牛肉法)	살코기, 간장, 새우젓국, 후추	살코기 + 간장 + 새우젓국 + 후추 → 삶기	

(8) 수란

수란은 끓는 소금물에 달걀을 깨뜨려서 익혀 먹는 음식으로 난적법에 같이 설명되어 있으나 음식명은 없어서 조리법을 보고 음식명을 붙였다.

표 10 수란의 재료와 조리법

음식명	재료 및 분량	조리법	비고
수란(水卵)	달걀, 소금물	소금물 끓이기 + 달걀 → 채 익지 않을 때 떠내기	

(9) 채

채(菜)는 〈훈몽자회〉에 의하면 '먹을 수 있는 풀은 모두 채'라고 하였고, 〈명물기략〉에서는 '먹을 수 있는 풀은 나물'이라 하여 채는 먹을 수 있는 모든 나물을 의미한다. 동아돈채는 동화전과 같이 기록되어 있으나, 음식명이 없어서 조리법을 보고 〈음식디미방〉의 동아돈채와 비슷하여 동아돈채라고 이름을 붙였다.

표 11 채의 재료와 조리법

음식명	재료 및 분량	조리법	비고
동아돈채	동아, (소금), 초, 겨자, 깻국	동아 간하기 → 낙화같이 썰기 + 초 + 겨자	깻국을 타면 더 좋다.

(10) 자반

자반은 보존성이 있고 맛이 진한 밥반찬 종류로 더덕자반이 있다.

표 12 자반의 재료와 조리법

음식명	재료 및 분량	조리법	비고
더덕자반 (沙蔘佐飯)	더덕, 소금, 기름, 간장, 후추	더덕껍질 벗기기 → 두드리기 → 쓴맛 우려내기 → 익게 찌기 + 소금 + 기름 + 간장 + 후추 → 밤새워 재워 두기 → 말리기 → 굽기	말려 두고 사용한다.

(11) 김치 및 장아찌

김치 및 장아찌류는 더덕침채, 지히, 약지히, 죽순지히, 오이가지선이다. 더덕침채는 소금, 기름, 간장, 후추를 넣은 물에 담그는 것으로 방법이 조금 다르다. 〈음식디미방〉에 지히는 생치지히와 생치전지히로 생치를 양념하여 볶았으나 〈주방문〉의 지히는 장아찌와 같이 간장물을 부었다. 오이가지선은 한글은 오이가지선이나 한자는 외가채로 장아찌의 일종이다. 동아전의 '煎'은 '다릴 전, 지질 전'으로 전유어의 한 방법이나, 조리법을 보면 장아찌에 속한다.

김치 및 장아찌로 분류한 것은 한글은 지히, 한문은 침채로 기록되어 있어 〈주방문〉이 나온 1600년대에는 김치와 장아찌로 분류되는 요즘과 달리 침채와 지히가 혼용된 시기로 김치와 장아찌를 따로 분류하지 않았다.

표 13 김치 및 장아찌의 재료와 조리법

음식명	재료 및 분량	조리법	비고
더덕침채	더덕, 물, 말망이(미나리), (소금, 기름, 간장, 후추)	더덕 두드리기 → 물에 담가 쓴맛 우려내기 → 3일 후 미나리 섞기(+ 소금, 기름, 간장, 후추) → 담그기	침채라고 하나 내용이 조금 다르다. 소금, 기름, 간장, 후추는 더덕자반의 재료에 있어 추가하였다.
지히 (가지지히, 오이지히, 무지히)	가지, 오이, 무, 국	가지, 오이, 무 씻어 물기 없애기 → 끓여 더운 김의 국 붓기 → 단단히 싸 두기 → 10일 후에 쓰기	
약지히 (藥沉菜, 가지약지히, 오이약지히)	가지(오이), 물, 형개, 후추, 마늘, 파, 기름장, 간장, 꿩고기, 쇠고기	가지(오이)의 꼭지 따기 → 열십자로 자르기 → 물에 데치기 → 짚을 깔고 눌러 물기 없애기 + 기름장에 볶은 형개, 후추, 마늘, 파 넣기 → 간장 달여 붓기 → 단지에 넣기	꿩고기나 쇠고기를 만두소같이 하여 넣으면 더 좋다.
죽순약지히	죽순	죽순 삶기 → 물기 없애기(+ 기름장에 볶은 형개, 후추, 마늘, 파 넣기 → 간장 달여 붓기 → 단지에 넣기)	죽순은 연한 것을 사용한다. 그대로 한다고 되어 있어 약지히 만드는 방법을 참고하였다.
오이가지선 (苽茄菜)	오이, 가지, 소금, 마늘	오이, 가지 씻기 → 꼭지 자르기 → 열십자로 칼집 내기 → 잘게 두들긴 마늘 속에 넣기 → 짚으로 매기 → 소금물에 담그기	
동화전 (東花煎)	동아, 기름, 간장, 생강, 마늘, 참깨	동아 껍질과 속없이 손질하기 → 약과 같이 썰기 → 약하게 간하기 → 기름에 볶기 + 달인 간장, 생강, 마늘 → 김 나가지 않게 싸 두기	9~10월 동아 사용 1~2월까지 사용

(12) 젓갈

젓갈은 젓과 식해가 있다. 젓에는 약게젓이 있고, 식해에는 식해와 삼일식해가 있다. 약게젓은 참게를 기름장에 넣어 먹는 것이고, 식해와 삼일식해는 생선에 밥을 넣어 삭혀서 먹는 것이다.

표 14 젓갈의 재료 및 조리법

음식명	재료 및 분량	조리법	비고
식해 (食醢)	물고기, 소금, 백미, 밀가루	물고기 비늘, 내장 제거 + 소금 → 짚 위에 놓고 널로 누르기 → 쌀밥 + 소금 + 물고기 → 항아리에 넣기 → 죽피(竹皮)로 덮기 → 돌로 누르기 → 물 붓기	빨리 쓰려면 밀가루를 섞는다. 추울 때는 물을 붓지 말고 따뜻한 데 둔다.
삼일식해 (三日食醢)	속성식해물고기, 소금, 밀가루, 밥	말린 물고기 두드리기 → 자르기 + 소금 + 밀가루 + 밥 → 유지로 감싸기 → 차가운 데 두기 → 3일 후에 사용	고기가 굵으면 더디 된다.
약게젓 (藥蟹醢)	참게, 기름장, 후추, 생강, 마늘	참게 + 기름장 + 후추 + 잘게 썬 마늘, 생강 → 기름장 달여 담기 → 7일 후에 사용	게는 바구니에 담아 소반으로 덮어 하루 지난 다음에 사용한다.

3) 떡류

(1) 찐 떡

찐 떡은 시루에 쪄서 완성한 떡으로 기증편과 상화가 있다. 기증편과 상화는 누룩이나 밑술을 이용하여 발효시켜 찐 떡이다.

표 15 찐 떡의 종류, 재료, 분량과 조리법

음식명	재료 및 분량	조리법	비고
기증편(起蒸餠)	쌀 1되, 누룩, 밑술, 고명	쌀로 죽 쑤기 + 누룩이나 밑술(酒母) → 반죽하기 → 따뜻한 곳에 두기 → 부풀어 일면 시루에 베보자기 깔기 → 켜켜로 고명을 놓기 → 찌기	밑술이 익으면 2일 만에 사용하고 아니면 3일 만에 사용한다. 가루는 체에 쳐서 곱게 하여야 좋다.
상화(霜花)	백미, 누룩, 밑술 2되, 쌀 5홉, 밀가루, 소금 소: 콩가루, 꿀, 채소	밑술 : 백미로 죽 쑤기 → 식히기 + 누룩 물 → 따뜻한 곳에 두기 덧술 : 2일 만에 백미로 죽 쑤기 → 항아리에 담기 상화반죽 : 술 + 소금 + 밀가루 → 반죽하기 → 반죽이 부풀면 시루에 찌기	누룩 옷 껍질 벗기고 물에 담가 붉은 물은 우려내고 새 물에 담가 주물러 뿌연 물을 받아 죽에 넣는다. 밑술을 2되 하려면 쌀 5홉을 죽 쑨다. 시루에 증편 찌듯이 한다. 반죽이 묽은 듯해야 연해서 좋다.

(2) 지진 떡

지진 떡은 찹쌀가루를 익반죽하여 모양을 내어 기름에 지져서 완성한 떡으로 꽃전과 겸절병이 있다. 그러나 꽃전과 겸절병은 찹쌀가루 외에 메밀가루, 밀가루, 녹두가루를 사용하였다. 꽃전은 〈음식디미방〉의 전화법과 같이 메밀가루와 찹쌀가루를 섞은 반죽을 지진 것이다. 겸절병은 밀가루, 메밀가루, 녹두가루 반죽에 고기소를 넣고 만두처럼 빚어 지진 떡으로 찹쌀가루를 사용하지 않았다.

표 16 지진 떡의 종류, 재료, 분량과 조리법

음식명	재료 및 분량	조리법	비고
꽃전(花煎)	메밀가루 2분, 찹쌀가루 1분, 꽃잎, 꿀물	메밀가루 + 찹쌀가루 섞기 + 꽃잎 → 지지기 → 꿀물에 담그기	워석워석(바삭바삭)하여야 좋으니 누릇하게 지진다. 꽃잎을 많이 섞어야 좋다.
겸절병(兼節餠)	밀가루 1되, 메밀가루 5홉, 녹두가루 2홉, 고기, 기름, 생강, 마늘, 초간장	밀가루 + 메밀가루 + 녹두가루 → 고기 속 넣기 → 만두처럼 빚기 → 기름에 지지기 + 생강 + 마늘 + 초간장에 담가 먹기	속은 상화 속처럼 만든다.

4) 과정류

(1) 유밀과

유밀과는 약과, 콩연약과, 연약과, 중박계, 우근겨가 있다. 약과, 연악과, 중박계와 우근겨는 밀가루를 꿀과 물로 반죽하여 기름에 지진 것이다. 콩연약과는 약과에 같이 기록된 것으로 음식명이 없어서 조리법을 보고 콩연약과라고 하였으나 기름에 지지지 않고 다식처럼 반죽하여 즙청한 것이다.

표 17 유밀과의 종류, 재료, 분량과 조리법

음식명	재료 및 분량	조리법	비고
약과 (藥果)	밀가루 1말, 꿀 1되 5홉, 청주 5홉, 따뜻한 물 5홉	밀가루 + 꿀 + 청주 + 물 → 교합하기 → 만들기 → 지지기 → 밀수에 담그기	
콩연약과	볶은 콩가루, 꿀	볶은 콩 갈기 + 꿀 → 반죽하기 → 만들기 → 즙청하기	지지지 않고 즙청한다.
연약과 (軟藥果)	밀가루 5되, 꿀 7홉, 기름 2홉 반	밀가루 볶기 + 꿀 + 기름 → 교합하기 → 만들기 → 지지기 → 밀수에 담그기	밀수에 담가 두면 연해진다.
중박계 (中朴桂)	밀가루 1말, 꿀 2되, 물 1되	꿀 + 물 → 끓여 식히기 + 밀가루 → 만들기	
우근겨 (竹節)	밀가루 4되, 꿀 7홉, 물 7홉	밀가루 + 꿀 + 물(→ 반죽하기 → 모양 만들기 → 기름에 지지기)	꿀과 물을 더하면 더 좋다.

(2) 유과

유과는 찹쌀가루에 술을 넣고 반죽하여 쪄서 익혀 꽈리가 일도록 방망이로 저어서 누에고치 모양이나 네모로 모양을 만들어 건조시켜 기름에 지지고 엿이나 꿀을 입혀 다시 고물을 묻힌 것이다. 산자, 강정, 빙사과가 있다. 산자는 찹쌀가루에 술을 넣고 반죽하여 쪄서 익힌 후 꽈리가 일도록 저어서 반죽을 하여 네모 모양으로 편편하게 만들어 말려 기름에 지져 꿀을 바르고 고물을 묻힌 것이다. 고물에 따라 밥풀산자, 강반산자, 흑임자산자, 매화산자 등이 있다. 강정은 산자와 같이 반죽하여 갸름하게 썰어 말렸다가 기름에 지져 고물을 묻힌 것이다. 빙사과는 유과 반죽을 팥알만큼씩 썰어 말린다. 말린 바탕을 기름에 지져 꿀에 버무려 네모난 틀에 부어 굳힌다. 굳은 후 작은 네모로 썬 것이다.

표 18 유과의 종류, 재료, 분량과 조리법

음식명	재료 및 분량	조리법	비고
산자(散子)	(찹쌀)가루 1말, 꿀 5홉, 물, 엿, 강반	꿀 + 물 → 끓여 식히기 + 찹쌀가루 → 산자 모양으로 만들기 → 엿 녹이기 → 엿 바르기 → 강반 묻히기	
강정(羌淨)	찹쌀가루, 좋은 술	찹쌀가루 + 술 → 반죽하기 → 더운 방에 말리기 → 지지기 → 무치기	반죽하여 엿하듯이 만들라. 너무 말려도 부풀지 않고 너무 축축하여도 좋지 않다.
빙사과	흑탕	잘게 썰기 → 지지기 → 흑탕에 버무리기 → 엉긴 뒤에 썰기	흑탕은 갱엿을 말한다.

5) 음청류

음청류는 식혜와 토장이 있다. 식혜는 술의 종류인 감주에 또 다른 방법으로 기록되어 있으나 조리법은 식혜와 같아 이름을 붙인 것으로, 단술이라고도 한다. 토장은 착면이라고도 하며, 깻국에 말아서 먹기도 하였다.

표 19 음청류의 종류, 재료, 분량과 조리법

음식명	재료 및 분량	조리법	비고
식혜(감주甘酒)	백미 1되, 끓인 물 1사발, 밀기름가루 2술, 누룩 반술	백미 깨끗이 씻기 → 가루 내기 → 찌기 + 물 → 식히기 + 밀기름가루 → 따뜻한 방에 두기 → 1일 후에 사용	누룩 반술을 넣으면 더 좋다. 밀기름은 엿기름이다.
토장(着麵)	녹말, 물 (오미자, 꿀)	녹말 + 물 → 높이가 낮은 놋그릇에 얇게 펴기 → 끓는 물에 종이처럼 얇게 익히기 → 찬물에 담그기 → 너붓너붓면하듯이 썰기 → 오미자국에 말기	착면이라고도 한다.

6) 술

술에는 빚는 방법에 따라 일반주, 혼양곡류주, 증류주가 있다.

(1) 일반주

일반주에는 빚는 방법에 따라 단양주(표 20), 이양주(표 21), 삼양주(표 22), 사양주, 오양주로 분류된다. 그중 〈주방문〉에는 단양주, 이양주, 삼양주가 소개되어 있다.

표 20 단양주의 종류, 재료, 분량과 조리법

음식명	재료 및 분량	조리법	비고
합주(合酒)	백미 5되, 누룩 5홉	백미 깨끗이 씻어 찌기 → 물을 뿌려 헤쳐 식히기 + 누룩 → 더운 데 두기 → 7일 후 걸러 내기	백미 1되에 누룩 1홉씩 든다. 탁주
급청주(急淸酒)	탁주 1동이, 찹쌀 5되, 밀가루 5홉, 누룩 5홉	탁주 끓이기 → 찬물을 부어 거르기 → 찹쌀 쪄서 식히기 +밀가루 + 누룩 → 술 빚기	3일 후 청주 3병 분량이 나온다. 속성주
급시주(急時酒)	백미 1말, 누룩 1되 5홉, 정화수 반동이	누룩 + 정화수 → 하룻밤 재우기 → 백미 깨끗이 씻기 → 가루내기 → 찌기 → 식히기 → 위의 물에 합하여 술 빚기	3일 후에 사용하는 속성주
무국주(無麴酒)	백미 1말, 콩가루 1되, 밀가루 1홉	백미 → 깨끗이 씻기 → 가루 내기 → 죽 쑤기 + 콩가루 + 밀가루 → 술 빚기	누룩이 없다.
이화주(梨花酒)	물, 백미 5말	백미 깨끗이 씻기 → 가루 내기 → 구멍떡 만들어 삶기 + 누룩 → 쳐서 손바닥같이 만들기 → 식히기 → 독에 벌려 넣기 → 3~4일 후 더운 기운이 있을 때 꺼내서 식히기 → 5월 10일 이후에 사용	누룩 : 백미 = 5되 : 1말 탁주 무르면 좋지 않다. 누룩을 만들 때 물이 많으면 푸른기가 나고, 적으면 더슥더슥하니 알맞게 한다.
일일주(一日酒)	좋은 밑술 1사발, 누룩가루 2되, 물 3되, 백미 1말	밑술 + 누룩가루 + 물 + 찐 백미 → 술 빚기	이튿날 넣은 시간에 쓴다. 속성주

표 21 이양주의 종류, 재료, 분량과 조리법

음식명	재료 및 분량	조리법	비고
백하주(白霞酒)	밑술 : 백미 1말, 물 1말 8되, 누룩 1되 반, 서김(酒母) 1복자 반 덧술: 백미 2말, 물 3말 6되, 밀가루 7홉, 누룩 7홉	밑술 : 백미 깨끗이 씻기 → 하룻밤 뒤 가루 내기 → 물 끓여 식히기 + 누룩 + 서김 덧술 : 백미 깨끗이 씻기 → 하룻밤 재워 고두밥 찌기 + 끓여 식힌 물 + 밀가루 → 술 빚기	쌀 1말에 물 1말 8되가 든다. 서김이 없으면 덧술할 때 누룩 7홉을 더 넣는다. 서김을 바로 넣으면 5~6일 만에 익는다.
벽향주(碧香酒)	밑술 : 백미 1말, 끓인 물 2말, 누룩 1되 5홉 덧술 : 백미 2말, 끓인 물 3말, 밀가루 3홉	밑술 : 백미 깨끗이 씻기 → 가루 내기 + 끓인 물 반죽하기 → 식히기 + 누룩 → 빚어 익히기 덧술 : 백미 깨끗이 씻기 → 찌기 + 끓인 물 → 식히기 + 밀가루 → 술 빚기 → 밑술에 넣기 → 7일 후에 쓰기	
닥주(楮酒)	밑술 : 찹쌀 1되, 누룩 5홉, 밀가루 5홉 덧술 : 찹쌀 6되, 멥쌀 3되, 물 1말 반	밑술 : 찹쌀 깨끗이 씻기 → 가루 내기 → 구멍떡 만들기 → 삶아 식히기 + 누룩, 밀가루, 물 → 익히기 덧술 : 멥쌀 깨끗이 씻어 찌기 → 깨끗이 씻은 찹쌀 얹어 찌기 + 끓여 식힌 물 → 밑술에 넣기	
절주(節酒)	밑술 : 백미 1말, 끓인 물 1동이, 누룩 2홉 덧술 : 찹쌀 3되, 밀가루 3술	밑술 : 백미 깨끗이 씻기 → 가루 내기 → 찌기 + 식힌 끓인 물 + 누룩 → 술 빚기 → 서늘한 데 두기 덧술 : 3일 후 찹쌀 고두밥 찌기 + 밀가루 → 술 빚기 → 14일 후 사용	여름에 좋은 술
점주(粘酒)	밑술 : 백미 1되, 물 1사발, 누룩 8홉 덧술 : 찹쌀 1말, 물 5되	밑술 : 백미 가루 내기 → 구멍떡 빚기 → 물에 삶아 식히기 + 누룩 + 삶은 물 → 술 빚기 덧술 : 4일 후 찹쌀 + 물 → 찌기 → 밑술에 넣기	

〈계속〉

음식명	재료 및 분량	조리법	비고
점주2 (粘酒 2)	밑술 : 찹쌀 1되, 누룩 1되 덧술 : 찹쌀 1말, 물 3사발	밑술 : 찹쌀 → 밥 짓기 + 누룩 → 술 빚기 덧술 : 5~6일 후 찹쌀밥 + 물 → 술 빚기→ 7일 후 쓰기	
감주 (甘酒)	밑술 : 백미 1되, 누룩 1되 덧술 : 찹쌀 1말, 물 2되	밑술 : 백미 깨끗이 씻기 → 가루 내기 → 구무떡 빚어 삶기 + 누룩 → 더운 방에 싸두기(따뜻한 곳에서 당화) 덧술 : 찹쌀 깨끗이 씻어 하룻밤 재우기 → 찌기 + 물 뿌리기 → 밑술에 넣기 → 더운 데 두기 → 2일 밤 지나면 찬 곳에 두기	이튿날 열어 보아 빛이 누러면 밥을 찐다.
보리주 (麰酒)	백미 1말, 누룩 5되, 보리쌀 4말	밑술 : 백미 → 찌기 + 누룩 + 끓인 물 → 섞기 → 독에 넣기 덧술 : 보리쌀 깨끗이 씻어 담그기 → 3~4일 후 다시 씻기 → 찌기 → 찬물을 많이 뿌려 식히기 → 술 빚기	10일 후에 사용한다.
일해주 (一亥酒)	밑술 : 백미 1말, 물 1동이, 누룩 1되 덧술 : 백미 2말, 끓여 식은 물 1동이 반	밑술 : 백미 깨끗이 씻기 → 가루내기 + 물 → 풀 쑤기 + 누룩가루 → 술 빚기 덧술 : 백미 깨끗이 씻기 → 찌기 + 물 → 식히기 → 밑술에 섞기	빛이 파랗고 밥이 뜨면 좋다. (술)빛이 푸르고 밥알이 뜨면 좋다. 술을 못 먹는 이에게도 좋다. 더위에는 빚지 않는다. 약주
하향주 (荷香酒)	백미 1되, 누룩 9홉, 찹쌀 1말	밑술 : 백미 깨끗이 씻기 → 가루 내기 → 구멍떡 만들기 → 삶기 → 식히기 + 누룩 → 술 빚기 덧술 : 찹쌀 깨끗이 씻기 → 하룻밤 재우기 → 건져 씻어 찌기 → 식히기 밑술을 모시베에 밭치기 + 찹쌀밥 → 술 빚기	약주, 중국의 기장술처럼 밑을 한다.
청명주 (淸明酒)	밑술 : 찹쌀 3되, 물 1놋동이, 누룩 3홉, 밀가루 1홉 덧술 : 찹쌀 7되	밑술 : 찹쌀 깨끗이 씻기 → 가루 내기 + 물 → 죽 쑤어 식히기 + 누룩 + 밀가루 → 술 빚기 덧술 : 찹쌀 깨끗이 씻어 담그기 → 다시 씻어 쪄서 식히기 → 밑술에 넣기	7일 후 위에 꼈던 이불(웃덮개)이 벗겨지고 말개지면 쓴다.

표 22 삼양주의 재료, 분량과 조리법

음식명	재료 및 분량	조리법	비고
삼해주 (三亥酒)	밑술 : 백미 2말, 끓인 물 3말, 누룩 5홉 1차 덧술 : 백미 3말, 끓인 물 4말 5되 2차 덧술 : 백미 5말, 끓인 물 7말 5되	정월 첫 번째 돼지날 : 백미 깨끗이 씻기 → 가루 내기 + 식힌 끓인 물 + 누룩 → 밑술 빚기 두 번째 돼지날 : 백미 깨끗이 씻기 → 가루 내기 + 식힌 끓인 물 → 덧술 빚기 → 밑술에 넣기 세 번째 돼지날 : 백미 깨끗이 씻기 → 가루 내기 + 식힌 끓인 물 → 덧술 빚기 → 1차 덧술에 넣기	약주

(2) 혼양곡주류

혼양곡주류는 약용곡주류, 가향곡류주(표 23), 과실주, 혼성주(표 24)가 있다. 〈주방문〉에는 가양곡류주와 혼성주가 소개되어 있다.

표 23 가향곡류주의 종류, 재료, 분량과 조리법

분류	음식명	재료 및 분량	조리법	비고
단양가향주	연엽주(蓮葉酒)	찹쌀 1되, 좋은 누룩 1줌	찹쌀밥 + 누룩 → 술 빚기	독하게 하려면 밥을 더 넣어 빚는다.
	송령주(松鈴酒)	백미 5되, 누룩 2되, 솔방울 1말, 물 3동이	솔방울 + 물 → 끓여 밭쳐 식히기 + 백미죽 + 누룩 → 술 빚기	먹은 음식이 잘 내려가게 하고 모양이 윤택하다. 가향주

표 24 혼성주의 재료, 분량과 조리법

음식명	재료 및 분량	조리법	비고
과하주(過夏酒)	찹쌀 1말, 누룩 5홉, 물, 소주 9대아	찹쌀 깨끗이 씻기 → 이튿날 끓여 식힌 물 뿌려 찌기 → 누룩물 1/2 붓기 + 4~5일 후 소주 붓기 → 항아리에 담기 누룩 가루 내기 → 멍주자루에 넣기 + 물 끓여 식히기 → 병에 담기	소주 9대야를 붓고 매우면 3대야 더 붓는다. 7일 후에 쓴다.

표 25 증류주의 종류, 재료, 분량과 조리법

분류	음식명	재료 및 분량	조리법	비고
단양증류주	소주별방(燒酒別方)	벼 1말, 물 3말, 누룩 4되	벼 + 물 → 3일 만에 건지기 → 찧은 후 찌기 → 식히기 → 다시 원래 물에 혼합하기 + 누룩 → 3일 만에 거르기 → 고으기	걸러서 고면 1병이 나오고 술맛이 강하고 독하다.
이양증류주	소주(燒酒), 쌀 1되에 도로 1되 나는 법(米一升出燒酒一升法)	백미 1말, 찹쌀 1말, 누룩 6되 5홉, 찹쌀 2말, 물 4복자	멥쌀 + 찹쌀 깨끗이 씻기 → 가루 내기 멥쌀 죽 쑤기 → 식히기 + 누룩 → 추울 때는 따뜻한 데 두고 더울 때는 찬 데 두기 → 3일 후 찹쌀 깨끗이 씻기 → 하룻밤 재우기 → 고두밥 쪄서 식히기 → 밑술에 섞기 → 7일 후 소줏고리에 내리기	소줏고리 밑에 물 4복자를 먼저 부어 끓이다가 술을 붓는다. 소줏고리 밑에 콩같이 굵은 모래를 먼저 깔고 하면 좋다.
	보리소주(麥燒酒)	보리쌀 1말, 물 1놋동이, 백미 1되, 누룩 1되, 보리쌀, 닥잎	보리쌀 + 물 → 담가 두기 → 3일 뒤 씻어 찌기 백미 담그기 → 가루 내기 → 반죽하기 → 구멍떡 만들기 → 삶기 + 누룩 → 덩어리 없이 매우 치기 → 닥잎에 싸기 → 서늘한 곳에 두기 → 위의 보리쌀 담근 물 끓이기 → 누룩 풀기 + 찐보리밥 → 술빚기 → 5일 만에 고기	누룩이 많을수록 좋다. 묵은 누룩은 1되 사용한다.

(3) 증류주

증류주는 순곡증류주와 약용증류주가 있으며, 〈주방문〉에 소개된 것은 순곡증류주 중 단양증류주와 이양증류주(표 25)가 있고, 약용증류주 중 곡물과 약재를 넣은 이양약용 증류주가 있다.

(4) 기타 술과 술 고치는 법

기타 술(표 26)에는 자주와 서김법이 있으며, 술 고치는 법이 2가지 소개되었다. '救酸酒法'은 원문에 '술맛 그릇되지 아니하는 법'에 기록되어 있으나, '쉰 술 고치는 법'에 적합한 단어이므로 옮겨 적었다.

표 26 기타 술의 종류, 재료, 분량과 조리법

음식명	재료 및 분량	조리법	비고
자주(煮酒)	좋은 청주 5대야, 황밀(꿀) 3돈, 후춧가루 3돈	좋은 청주 + 후춧가루 + 황밀 → 병에 넣어 뚜껑 막기 → 중탕하기 → 황밀이 녹으면 사용	황밀은 얇게 저민다. 자주는 여름에 더 좋다. 후추의 양은 적어도 된다.
서김법(酵法)	쌀 1되, 물 2되 ,누룩	쌀 깨끗이 씻기→ 물에 담그기→ 밥 짓기→ 식히기 + 누룩 → 술 빚기→ 3~4일 후 밑술로 사용	7일 후 담갔던 제물을 사용하여 밥을 짓는다.

표 27 술 고치는 법

음식명	재료 및 분량	조리법	비고
술맛 그릇되지 아니하는 법	좋은 누룩	누룩을 대추 크기로 만들기 → 5알을 독 밑에 넣어 두기	주술의 일종
쉰 술 고치는 법(救酸酒法)	석회가루, 두부비지	① 석회가루 떡처럼 만들기 → 굽기 → 술독에 넣기 ② 두부비지를 주머니에 넣기 → 술독에 넣기	

7) 양념류

양념류는 된장(표 28), 육장(표 29), 식초 만드는 법(표 30)이 있다.

표 28 된장의 종류, 재료, 분량과 조리법

음식명	재료 및 분량	조리법	비고
즙디히(汁醬) 1	나물 1동이, 메주 1말, 소금 2되, 밀가루 5홉, 누룩 5홉	나물 + 메주 + 소금 + 밀가루 + 누룩 → 그릇에 넣기 → 단단히 싸기 → 두엄에 넣기 → 7일 후 쓰기	즙디히 : 나물, 메주, 밀가루, 소금 등을 섞어 넣어 두엄에 발효시킨 것
즙디히 2	메주가루 3말, 소금 3되, 밀가루 2되, 좋은 술 2대야, 나물 4말,	메주가루 + 소금 + 밀가루 + 좋은 술	

〈계속〉

음식명	재료 및 분량	조리법	비고
즙디히 3	콩 1말, 기울 5되	콩 + 기울 → 쪄서 찧기 → 띄우기(발효) → 말리기 → 어레미로 치기 → 된죽처럼 하기 + 소금 → 나물 켜켜이 넣기	콩 1말이면 쓸 때 기울 5되를 위에 얹어 쪄서, 찧어 단단히 쥐어 띄우는 것은 메주하는 법이다.
왜장(涴醬)	콩 1말, 누룩 3되, 소금 3되반, 물	콩 쑤어 찧기 + 누룩 + 소금 → 찧기 → 더운 방에서 21일 동안 두기	누그러하게 물을 타서 쪄 먹기도 좋다.
급히 쓰는 장 1(易熟醬)	메주 2말, 물 1동이, 소금 5되	메주 + 물 + 소금 → 겻불로 가온 → 3~4일이면 사용	메주가 불어서 간이 들면 겻불을 피운다.
급히 쓰는 장 2	콩깍지		콩깍지 삶아 낸 물로 장을 담그면 빛깔이 묵은장 같고 장도 좋다.
쓴 장 고치는 법(救苦醬法)			장맛이 떫거나 쓰면 버드나무로 만든 막대로 장을 바닥까지 고루 뚫는다.

표 29 육장의 재료, 분량과 조리법

음식명	재료 및 분량	조리법	비고
육장(肉醬)	밀린 쇠고기 5되, 메주가루 3말, 깨 5되	메주가루 + 삶아 말려 찧은 쇠고기 + 소금 + 물 → 햇장 담글 때처럼 하기 + 볶은 깨 찧어 밑에 넣기(→ 숙성)	

표 30 식초의 종류, 재료, 분량과 조리법

음식명	재료 및 분량	조리법	비고
밀초(小麥醋)	밀 1말, 묵은 누룩 2되, 차조밥 3주걱	밀 삶아 찧기 + 묵은 누룩 → 술 빚기 → 복숭아 가지로 저어 주기 → 3일 만에 따뜻한 차조밥 넣기 → 자주 저어 21일 만에 쓰기	밀은 3~4일 담가 둔다. 차조밥은 1주걱씩 3번 넣으면 된다.
보리초(麥醋)	보리쌀, 누룩, 술	보리 깨끗이 씻기 → 밥 짓기 + 누룩 + 술 → 더운 곳에 두기	쉰 술이 좋다.
차조초(粘粟醋)	차조쌀, 물 3말, 누룩가루 조금, 술	차조밥 한김 식히기 + 물 + 누룩 → 더운 데 두기 → 시게 되면 술 부어 가며 쓰기	
맛이 변한 초를 다시 쓰는 법(救惡醋法)	밀 1줌	밀을 볶아 넣어 주기	매우 볶아 흐트러뜨려 넣으면 즉시 효과가 좋다.

8) 당류

당류에는 조청이 있다.

표 31 조청의 재료, 분량과 조리법

음식명	재료 및 분량	조리법	비고
조청(造淸)	찹쌀 1말, 물 12사발, 보리기름(麥芽, 엿기름) 2되, 찬물 3사발	찹쌀가루 만들기 → 물 끓이기 → 솥에 붓고 개기 → 동이에 붓기 → 엿기름가루 만들기 + 찬물 → 동이에 붓기 → 섞기→ 김이 안 나가게 덮어 두기 → 묽어지면 추대에 거르기 → 달이기	

9) 기타

단술누룩법은 '감주(甘酒)'의 밀기름가루 내는 법이고, 녹말 만들기는 녹두가루 만드는 방법을 설명한 것이다.

표 32 단술누룩법, 쌀누룩 빚는 법과 녹말 만들기의 재료, 분량과 조리법

음식명	재료 및 분량	조리법	비고
단술누룩법(甘酒麴造法)	밀 5~6되	밀 씻기 → 바구니에 담기 → 방에 두기 → 3일 후 싹이 나면 그늘에서 말리기 → 가루 내기	
쌀누룩 빚는 법	백미 2말 5되, 물	정이월 백미 깨끗이 씻기 → 가루 내기 + 물 → 오리알 크기로 만들기 → 가마니에 넣기 → 더운 방에 덮어 두기 → 7일 만에 뒤집기, 3번 반복 → 겉껍질 깎기 → 3~4편으로 자르기 → 가마니에 담기 → 바람 쏘이기 → 가루 내어 체에 치기	
녹말 만들기	녹두	녹두 거피 → 비지 없이 갈기 → 무리 앉히듯 가라앉히기 → 웃물 버리기 → 가라앉은 녹두 모시주머니에 넣기 → 모시주머니 달아 매기 → 물 빠지면 유지(油 紙)에 펴서 말리기	가루 만들기는 덥지도 춥지도 않을 때 만든다.

10) 저장법

오이와 가지는 재에 묻어 두고 사용하였으며, 생강, 고사리와 청태콩은 소금이나 식초를 이용하여 저장하였다.

표 33 저장법의 종류, 재료, 분량과 조리법

음식명	재료 및 분량	조리법	비고
오이와 가지를 두는 법(藏苽茄法)		항아리 밑에 뽕나무 재 깔기 → 오이와 가지 꼭지를 재에 깊숙이 박기 → 항아리 입구를 단단히 봉하기 → 흙더미 가운데 바람구멍을 내서 서늘한 곳에 두기	8~9월 서리가 오지 않았을 때 손때를 묻히지 말고 오이나 가지의 줄기를 얼른 딴다. 겨울이 되면 잠깐 따뜻한 데 두면 1년 후에도 좋다.
생강 침하는 법(沈薑法)	생강, 물, 소금, 식초	생강 깨끗이 다듬기 → 씻기→ 항아리에 넣기 + 끓인 소금물 → 3일 후 물 버리기 + 식초물	
침고사리법(沈蕨法)	고사리, 소금	고사리 다듬어 씻기→ 삶기 → 삶은 물 식히기 + 소금 → 항아리에 넣기 → 단단히 봉하기 → 서늘한 곳에 두기	버드나무 물을 퇴렴하여 사용한다. 소금절이법
청태콩 침하는 법(沈靑太法)	청태콩, 소금, 물, 정화수	청태콩 독에 넣기 + 끓여 식힌 물 + 소금 → 10월 초순경 그 물 버리기 + 정화수 → 살짝 삶아 쓰기	청태콩을 가을에 딴다.

2. 조리기구

사용된 조리기구로 술과 초를 만들거나 저장을 할 때 항아리, 독, 동이, 단지, 병, 술독, 소줏고리를 사용하였다. 거르거나 짜는 도구로 베, 베보자기, 명주자루, 주머니, 모시베주머니, 주대를 사용하였다. 그 외 널, 대나무통, 죽피, 가마니, 닥잎, 버드나무 막대, 유지도 이용하였다.

표 34 조리기구

분류	조리 기구
면(국수)	겹체, 박바가지, 젓가락, 분판
국	베
찜	솥, 나무다리, 단지, 행긔
느르미	꼬치
채	칼, 짚
전	대나무통
김치	단지
젓갈	죽피, 짚, 널, 소반, 기름종이
찐떡	시루, 베보자기, 체
음청류	행긔 뚜껑
술(단양주)	시루, 베, 짚, 가마니, 독, 명주자루, 항아리, 병, 소주고리, 술독, 주머니, 모시베보자기, 고오리
술(혼성곡주류)	항아리, 명주자루
술(증류주)	병, 소줏고리, 닥잎, 절구
술(기타)	독, 시루, 술독, 주머니
된장	그릇, 두엄, 어레미, 겻불, 버드나무 막대
초	항아리, 복숭아 가지, 솥
조청	솥, 동이, 주대(자루)
기타	바구니, 모시주머니, 칼, 유지
저장법	항아리, 독

3. 계량단위

길이의 단위로 치와 장지두께가 있고, 부피의 단위는 말, 되, 홉, 동이가 사용되었다. 조리 기구를 이용한 계량 단위는 사발, 술, 동이, 병, 놋동이, 대야, 수저, 복자가 있으며, 그 외 편, 줌과 달걀껍질을 이용한 계량이 있다.

표 35 음식의 계량단위

분류	계량단위
국	사발, 홉
찜	사발, 달걀껍질 3씩
느르미	치, 장지두께
숙회	치
찐 떡	말, 되, 홉
지진 떡	분, 되, 홉
유밀과	말, 되, 홉
유과	말, 홉
음청류	되, 사발, 술
술(일반주)	말, 되, 홉, 동이, 병, 사발, 편, 술, 놋동이
술(혼성곡주류)	되, 홉, 줌, 말, 동이, 병, 대야
술(증류주)	대야, 돈, 말, 되, 홉, 복자, 놋동이, 사발, 병
술(기타)	말, 되, 홉, 알
된장	동이, 말, 되, 홉
어육장	되, 말
초	말, 되, 수저, 줌
조청	말, 되, 사발
기타	말, 되

4. 음식 만드는 방법

조리용어는 표 36과 같이 다양하고 자세하게 설명되어 있다.

표 36 주방문에 기록된 조리용어

분류	조리용어
면(국수)	거피하다, 건지다, 굻이다, 누르다, 담그다, 되게 하다, 반죽하다, 비비다, 뿌리다, 설기반죽하다, 쑤다, 젓다, 체에 치다
국	거르다, 긇이다, 두들기다, 뜨다, 뿌리다, 삶다, 쏟아 넣다, 어리다, 어슥어슥하게 썰다
찜	간하다, 고다, 기름을 치다, 긇이다, 뱃속에 넣다, 받치다, 뼈를 뽑다, 솥에 붓다, 양념을 넣다, 중탕하다, 지지다, 짓찧다, 찌다, 핏기없이 씻다, 합하다, 행긔에 담다

〈계속〉

분류	조리용어
채	간하다, 담그다, 동이다, 양념하다, 잘게 두드림, 칼자리 내다
구이	굽다, 데치다, 우리다, 쥐어짜다, 즙되게 하다
느르미	굽다, 꿰다, 데치다, 말다, 바르다, 삶다, 소 만들다, 저미다, 즙하다, 찌다, 뿌리다
전	굽다, 기름장 바르다, 깨뜨리다, 붓다, 삶다, 섞다, 즙하다, 탕하다
숙회	껍질 벗기다, 데치다, 매운 양념하다, 묻히다, 삶다, 썰다, 자르다, 잘게 찢다, 초지령하다, 회치다
순대	뒤집어 씻다, 삶다, 양념 넣다, 어슷어슷 썰다
황육 삶는 법	삶다
수란	가만히 쏟다, 간간하게 하다, 끓이다, 깨뜨리다, 뜨다
선	간하다, 깻국 타다, 낙화같이 썰다, 숨이 죽다
자반	굽다, 두드리다, 말리다, 밤재우다, 벗기다, 섞다, 우려내다, 찌다
편육	삶다
수란	넣다, 떼어내다
김치 및 장아찌	간하다, 껍질과 속을 없애다, 꼭지를 베다, 넣다, 누르다, 단단히 싸두다. 달이다, 담가 두다, 담다, 더운 김에 붓다, 데치다, 두드리다, 물기 없애다, 볶다, 붓다, 삶다, 섞다, 썰다, 소같이 하다, 속에 넣다, 숨이 죽다, 싸 다, 쓴맛 우려내다, 약과같이 썰다, 열십자로 칼집 내다, 우리다, 잘게 썰다, 짚으로 동여매다, 펴다
젓갈	간하다, 고기 펴다, 깔다 ,끓이다, 넣다, 누르다, 다지다, 담다, 돌로 지주르다, 말다, 물 붓다, 밥 무르게 싯나, 배따나, 비늘 벗기다, 쉬다, 싸다, 씰다, 식히다, 씻디, 자주 갈디, 조피 깔다, 짚깔다
찐떡	간하다, 골고루 벌리다, 괴다, 담그다, 따뜻한 데 두다, 반죽하다, 받다, 벗기다, 부풀다, 섞다, 술괴다, 식히다, 우려내다, 주무르다, 죽 쑤다, 집다, 찌다, 체 치다, 찌다, 켜켜로 고명 놓다
지진떡	꺼내다, 담그다, 만두같이 빚다, 섞다, 재우다, 지지다
유밀과	갈다, 교합하다, 끓이다, 담그다, 반죽하다, 볶다, 식히다, 즙청하다, 지지다, 쳐서 만들다
유과	강반 묻히다, 끓여 식히다, 녹이다, 말리다, 반죽하다, 버무리다, 썰다, 지지다
음청류	가루 내다, 너붓너붓 썬다, 넣다, 묽게 물에 타다, 섞다, 식히다, 싸두다, 씻다, 찌다, 작말치다, 종이같이 얇게 익히다, 찬물에 담그다
술(일반주)	가루 내다, 가마니에 넣다, 개다, 거르다, 구멍떡 만들다, 끓이다, 넓적하게 하다, 넣다, 매우 치다, 무르게 찌다, 반죽하다, 벌려 넣다, 빚다, 버무리다, 뿌리다, 삶다, 섞다, 식히다, 씻다, 찌다, 체에 치다, 하룻밤 재우다, 합하다, 헤치다
술(혼양곡류주)	가루 내다, 거르다, 구멍떡 빚다, 끓이다, 담그다, 밥 짓다, 밭치다, 버무리다, 붓다, 뿌리다, 삶다, 섞다, 식히다, 씻다, 익히다, 자루에 넣다, 죽 쑤다, 찌다
술(증류주)	가루 내다, 거르다, 건지다, 고다, 구멍떡 만들다, 끓이다, 녹다, 달이다, 담다, 담그다, 반죽하다, 붓다, 빚다, 삶다, 싸다, 섞다, 식히다, 씻다, 얇게 저미다, 엎어 넣다, 죽 쑤다, 중탕하다, 쥐다, 찌다, 찧다, 치다, 풀다, 하룻밤 재우다
술(기타)	끓이다, 넣다, 담그다, 대추알만 하게 만들다, 떡같이 만들다, 밥 짓다, 불에 굽다, 빚다, 뿌리다, 섞다, 씻다, 찌다
된장	겻불로 가온하다, 깎다, 다리다, 두엄에 넣다, 뚫다, 섞다, 싸다, 쑤다, 어레미로 치다, 찌다, 찧다, 켜켜이 넣는다. 툼툼한 죽처럼 한다
육장	넣다, 말리다, 볶다, 삶다, 섞다, 찧다
식초	거르다, 넣다, 더운 데 둔다, 밥 짓다, 볶는다, 빚다, 삶다, 섞다, 술 붓다. 저어 주다, 찧다
조청	가루로 만들다, 김 나지 않게 덮어 두다. 끓이다, 붓다, 개다, 퍼붓다
기타	가루 내다, 갈다, 거피하다, 꺼내다, 넣다, 달아매다, 말리다, 씻다, 안치다, 엷게 깎다, 오리알만 하게 단단히 쥐다, 웃물 따르다. 짚에 싸다, 체에 치다, 편으로 썰다, 바람 쏘이다
저장법	끓이다, 넣다, 다듬다, 따다, 박다, 봉하다, 붓다, 삶다, 식히다, 씻다, 재를 깔다, 퇴렴하다

5. 식품분류

재료를 분류하면 표 37과 같다. 곡류, 서류, 두류, 채소류, 과실류, 수육류, 알류, 조육류, 어패류, 버섯류, 종실류, 향신료, 당류, 양념류, 물, 술, 기타의 재료를 사용하였으나 해조류에 대한 기록은 없다.

표 37 식품 분류 및 종류

분류	종류
곡 류	강반, 녹두, 녹두가루, 녹말, 메밀, 메밀가루, 밀, 밀가루, 벼, 보리쌀, 볶은콩, 입쌀(멥쌀), 차조쌀, 찹쌀, 찹쌀가루, 정함가루
서 류	토란
두 류	두부, 두부비지, 메주, 메주가루, 청태콩, 콩, 콩가루
채소류	가지, 고사리, 꽃, 나물, 닥잎, 더덕, 동아, 무, 미나리, 양하, 오이, 죽순
과실류	오미자
수육류	고기, 대창, 살코기, 선지, 소고기
알류	달걀
조육류	꿩고기, 닭
어패류	게, 낙지, 새우젓국, 생선, 숭어, 약게, 석화
버섯류	석이버섯, 표고버섯
종실류	깨
향신료	마늘, 생강, 천초, 형개, 파, 후춧가루
당류	꿀, 꿀물, 엿, 황밀, 흑탕
양념류	간장, 간장물, 감장, 매운 양념, 소금, 장, 초, 초지렁
유지류	기름, 기름장
물	끓는 물, 따뜻한 물, 버드나무 물, 정화수, 찬물, 콩 삶은 물
술	쉰 술, 좋은 밑술, 좋은 술, 청주
기타	국, 기울, 누룩, 누룩가루, 밀기름, 밀기름가루, 뽕나무재, 석회가루, 솔방울

요약

〈주방문〉에 기록된 조리법, 재료 및 분량, 조리기구, 계량단위, 조리용어, 식품분류 등을 해제한 결과는 다음과 같다. 술 빚는 법은 28가지, 음식 만드는 법은 67가지로 조리법이 더 많이 수록되어 있다. 각 음식을 분류별로 보면 면(국수) 2종, 국 4종, 찜 4종, 구이 1종, 느르미 3종, 전 1종, 숙회 2종, 순대·편육·수란·채·자반 각 1종, 김치 및 장아찌 9종, 젓갈 3종, 떡 4종, 유밀과 4종, 유과 3종, 음청류 2종, 술 28종, 양념류 12종, 당류 1종, 기타 2종, 저장법 4종으로 총 95종류가 있다.

주식류는 면과 싀면으로 국수류에 속한다. 국은 게탕, 소천어탕, 달걀탕이 있으며, 찜은 연계찜, 붕어찜, 두텁증법, 달걀찜이 있다. 구이는 난적법과 양하적이 있고, 느르미는 석화느름과 동아느름, 숙회는 숭어채와 낙지채가 있다. 그 외 순대, 황육 삶는 법, 수란, 동아돈채, 더덕자반이 있다. 김치 및 장아찌류는 더덕침채, 지히, 약지히, 죽순지히, 오이가지선이다. 젓에는 약게젓이 있고, 식해에는 식해와 삼일식해가 있다. 떡은 찐 떡과 지진 떡이 있으며, 과정류는 유밀과와 유과가 있고 음청류로 식혜와 토장이 있다. 술에는 빚는 방법에 따라 일반주, 혼양곡류주, 증류주가 있으며, 일반주에 단양주 6종, 이양주 9종, 삼양주 1종이 있고, 혼양곡류주에 3종, 증류주 2종, 기타술이 4종이 있다. 양념류로 된장, 육장, 식초가 있고, 당류로 조청 만드는 법이 있다. 그 외에 단술누룩법, 쌀누룩 빚는 법, 눅말 만들기가 있으며, 오이, 가지, 생강, 고사리, 청태콩 저장법이 소개되어 있다.

사용된 조리기구로 술과 초를 만들거나 저장을 할 때 항아리, 독, 동이, 단지, 병, 술독, 소줏고리를 사용하였다. 거르거나 짜는 도구로 베, 베보자기, 명주자루, 주머니, 모시베주머니, 주대를 사용하였다. 그 외 널, 대나무통, 죽피, 가마니, 닥잎, 버드나무 막대, 유지도 이용하였다. 길이의 단위로 치와 장지두께가 있고, 부피의 단위는 말, 되, 홉, 분, 동이가 사용되었으며, 비교적 자세한 조리용어가 기록되어 있고 다양한 식재료가 사용되었다.

참고문헌

김유(金綏) 원저. **수운잡방**(需雲雜方)(윤숙경 역). 서울: 신광출판사. 1998

안동장씨 원저. **다시 보고 배우는 음식디미방**(한복려, 한복선, 한복진 역). 서울: 궁중음식연구원. 2000

안동장씨 원저. **음식디미방**(백두현 역). 대구: 경북대학교출판부. 2005

윤숙경. **우리말조리어사전**(p.125). 신광출판사. 1996

윤택기, 서희창. **CD동의보감**. 여강출판사, (주)솔빛 조선미디어. 1994

이효지. **한국전통민속주**(pp.76~81). 한양대학교출판부. 2009

이효지. **한국의 음식문화**(pp.234~310). 신광출판사. 2004

이효지 외 9명. **부인필지**. 교문사. 2010

우리음식지킴이회

우리음식지킴이회는 옛 문헌을 중심으로 한국전통음문화를 연구하는 모임이다. 옛 자료들에 기록된 전통음식 재현과 연구를 통하여 사라져 가는 한국음식문화 원형을 알고, 바른 전승과 세계화를 위한 한국음식문화의 발전에 일익을 담당하고자 한다. 2000년부터 한양대학교 이효지 교수를 중심으로 하여 각 분야에서 활동 중인 제자들이 모여 정기적으로 공부를 하기 시작하여 어느덧 10여 년이 넘는 시간이 지났다. 그동안 전문 학술지에 조선시대 음식문화 연구에 대한 여러 편의 논문을 발표하였고, 〈시의전서〉, 〈임원경제지〉, 〈부인필지〉 등을 현대어로 번역하여 단행본으로 출간하였다. 또, 조선시대 고조리서에 나타난 식문화 원형 개발을 디지털 문화콘텐츠로 제작하기도 하였다. 이번에는 〈주방문〉을 발간하게 되었으며, 지속적으로 고조리서를 보존, 연구, 개발하여 한국음식문화를 계승, 발전시킬 것이다.

엮은이

이효지 한양대학교 식품영양학과 명예교수,
전 문화재전문위원

한복려 궁중음식연구원 원장,
중요무형문화재 제38호 조선왕조 궁중음식 기능보유자

정길자 궁중병과연구원 원장,
중요무형문화재 제38호 조선왕조 궁중음식 기능보유자

조신호 부천대학 식품영양과 교수
정낙원 배화여자대학 전통조리과 교수
김현숙 한국고전음식연구소 소장
최영진 관동대학교 가정교육과 교수
유애령 한국학중앙연구원 선임연구원
김은미 김포대학 호텔조리과 교수
원선임 청운대학교 식품영양학과 교수
차경희 전주대학교 한식조리학과 교수

주방문

2013년 1월 24일 초판 인쇄 | 2013년 1월 31일 초판 발행

원저 저자 미상 | 편저 이효지 외 | 펴낸이 류제동 | 펴낸곳 (주)교문사

전무이사 양계성 | 책임진행 모은영 | 본문디자인 이수미 | 표지디자인 김명혜
제작 김선형 | 영업 이진석 · 정용섭 · 송기윤
출력 현대미디어 | 인쇄 삼신인쇄 | 제본 과성제책사

우편번호 413-756 | 주소 경기도 파주시 교하읍 문발리 출판단지 536-2
전화 031-955-6111(代) | 팩스 031-955-0955 | 등록 1960. 10. 28. 제406-2006-000035호

홈페이지 www.kyomunsa.co.kr | 이메일 webmaster@kyomunsa.co.kr
ISBN 978-89-363-1320-3 (93590)

값 40,000원
*잘못된 책은 바꿔 드립니다.